CUBE
BOOK

CUBE BOOK

DIE WUNDER DES HEILIGEN LANDES

WHITE STAR VERLAG

Text
CARLO GIORGI

Layout
PAOLA PIACCO

Redaktion
LAURA ACCOMAZZO
VALENTINA GIAMMARINARO
FEDERICA ROMAGNOLI

Übersetzung
KATRIN ANNETTE SCHMEIẞNER

Produktion und Satz Deutschland:
ROMAN BOLD & BLACK, KÖLN

VIA M. GERMANO, 10
13100 VERCELLI – ITALIEN
WWW.WHITESTAR.IT

Der Hafen von Akkon und die osmanische Stadtfestung.

ISBN 978-3-86726-183-8
1 2 3 4 5 6 15 14 13 12 11
Gedruckt in China

INHALT

DIE WUNDER DES HEILIGEN LANDES

1 • Ein byzantinisches Mosaik in der Kirche des heiligen Georg in Madaba, Jordanien, zeigt die Stadt Jerusalem.

2–3 • Die Festung von Masada, die von den römischen Truppen erst nach langer Belagerung eingenommen werden konnte.

4–5 • Die von Süleyman dem Großen 1542 zur Verteidigung Jerusalems erbauten Stadtmauern im letzten Tageslicht.

6–7 • Landgüter, Ansiedlungen und bebaute Felder in geometrischer Ordnung im Jordan-Tal.

11 • Der Felsendom und die armenische, katholische Kirche der Schmerzen Mariä.

12–13 • Die Säulenreihe und das römische Amphitheater von *Bet Sche'an* gehören zu den eindrucksvollsten archäologischen Schönheiten Israels.

14–15 • Gläubige drängen sich an der Westmauer Jerusalems, der Klagemauer. Links die Männer in traditioneller Kleidung, rechts die Frauen.

Einführung

KANN EINE REGION HEILIG SEIN? KANN SIE FÜR DIE HÖCHSTEN UND HEILIGEN DINGE STEHEN, OHNE DIE PHYSISCHE SEITE DES ALLTÄGLICHEN LEBENS ZU VERNACHLÄSSIGEN? ZUMINDEST FÜR EINEN ORT DER ERDE GIBT ES DARAUF EINE ANTWORT: FÜR DAS HEILIGE LAND. HIER KOMMT DER REISENDE NICHT UMHIN, ÜBER DIE SCHÖNHEIT DER NATÜRLICHEN KONTRASTE, DIE SCHEINBAR UNVEREINBAR WIE HIMMEL UND ERDE SIND, ZU STAUNEN. HIER VERBINDET SICH DIE MODERNE MIT IHRER ZUKUNFTSWEISENDEN ARCHITEKTUR UND FORTSCHRITTLICHER TECHNOLOGIE MIT EINER JAHRTAUSENDEALTEN TRADITION; DIE WOLKENKRATZER IN TEL AVIV KONKURRIEREN MIT DEM FARBENFOHEN MARKT VON DAMASKUS. DAS HEILIGE LAND BESTICHT MIT DEN ARCHÄOLOGI-

17 • An der Seite des Berges liegt festungsgleich das Kloster *Mar Saba*, blendend schön hinter seinen blauen Kuppeln.

Einführung

SCHEN WUNDERN VON PETRA, PALMYRA UND JERICHO UND MIT DEN BOULEVARDS IN BEIRUT ODER DEN MIT NEUEN TECHNIKEN ARBEITENDEN KIBBUZEN IN DER WÜSTE NEGEV, WELCHE DIE TROCKENE ERDE ZUM BLÜHEN BRINGEN. DIES IST DAS LAND, DAS GEIST UND KÖRPER VEREINT. ES IST DIE HEIMAT DER DREI GROSSEN WELTRELIGIONEN JUDENTUM, ISLAM UND CHRISTENTUM; DER ORT, AN DEM ABRAHAM, JESUS UND DIE ERSTEN JÜNGER MOHAMMEDS LEBTEN. DAS LAND MIT VEREHRTEN HEILIGTÜMERN UND DES GEBETS, GEPRÄGT VON MINARETTEN UND KIRCHTÜRMEN, DIE GEN HIMMEL RAGEN; MIT WÜSTEN, IN DIE SICH ASKETEN ZURÜCKGEZOGEN HABEN UND EINES DER MEISTBESUCHTEN PILGERZIELE. ES IST ZUGLEICH DER BODEN, AUF DEM ENDLOSE, BLUTIGE KRIEGE AUSGETRAGEN WURDEN, WIE DIE KREUZZÜGE, DIE KÄMPFE GEGEN

Einführung

DIE OSMANEN SOWIE WEITERE EROBERUNGEN, BIS HIN ZU DEN JÜNGSTEN, SCHWEREN KONFLIKTEN, DIE BISHER OHNE LÖSUNG GEBLIEBEN SIND.

WENN DIESES LAND TROTZDEM HEILIG UND DASJENIGE GOTTES IST, SO IST ES UNERSETZBAR. AUCH AUS ZWEI ANDEREN GRÜNDEN, DIE NICHT WENIGER WICHTIG SIND, GILT ES, ES KENNENZULERNEN: WEIL ES DAS »LAND DER GROSSEN TRÄUME« UND GERADEZU EINE »PFORTE« DER MENSCHHEIT IST. DAS HEILIGE LAND IST IN DER TAT DER RAUM, DEN DER WESTEN DURCHSCHREITEN MUSS, WENN ER DIE GEHEIMNISSE UND DIE KOMPLEXITÄT DES ORIENTS VERSTEHEN WILL – UND UMGEKEHRT. SEIT TAUSENDEN JAHREN TREFFEN DIE KULTUREN DES WESTENS UND OSTENS ZWISCHEN NIL UND EUPHRAT MIT KÄMPFENDEN, HÄNDLERN UND PILGERN AUFEINANDER. HIER BEGINNT IN

Einführung

DER ANTIKE DIE SEIDENSTRASSE NACH CHINA, UND HIER WURDE IM LETZTEN JAHRHUNDERT MIT DEM SUEZKANAL EINE REVOLUTIONÄRE SCHIFFFAHRTSROUTE GESCHAFFEN. DOCH DIESER BRENNPUNKT VON GLAUBENSRICHTUNGEN UND VÖLKERN KANN VOR ALLEM DER ORT DES DIALOGS ZWISCHEN DEN KULTUREN SEIN. JENSEITS VON DEN AUSEINANDERSETZUNGEN HAT ER DAS POTENTIAL, DERJENIGE DES »AUFEINANDERZUGEHENS« ZU WERDEN. GERADE MIT DER ANWESENHEIT VERSCHIEDENER RELIGIONEN, DIE IM ALLTAG DIE MÖGLICHKEIT DES ZUSAMMENLEBENS UND DER RELIGIONSFREIHEIT BEWEISEN, IST DEM FUNDAMENTALISMUS DIE GRUNDLAGE ZU ENTZIEHEN.

GENAUSO IST DIESES LAND AUCH DAS »ERTRÄUMTE«: DAS UNUNTERBROCHEN VOM JÜDISCHEN VOLK IN DEN JAHR-

22–23 • Auf dem Ölberg (v. l. n. r.): die Kirche der Nationen, die Goldkuppeln der russisch-orthodoxen Maria-Magdalena-Kirche und die *Dominus-Flevit*-Kapelle.

Einführung

HUNDERTEN SEINER ABWESENHEIT ERSEHNTE LAND, WELCHES SEIT DEM MITTELALTER DAS HEILIGE ZIEL VON MILLIONEN MUSLIMISCHER PILGER IST. HERKUNFTSORT VON EPEN UND MÄRCHEN, DEREN HELDEN, SULTANE UND WUNDERLAMPEN NOCH IMMER GENERATIONEN VON KINDERN UND ERWACHSENEN ZUM TRÄUMEN BRINGEN.

SCHLIESSLICH IST ES VOR ALLEM DER ORT EINES ERSEHNTEN ZUSTANDS, DER VON ALLEN ERWÜNSCHT WIRD UND LEIDER NOCH NICHT REALISIERT WERDEN KONNTE – DER EINES ZUKÜNFIGEN FRIEDENS.

24–25 • Das Becken des Toten Meeres liegt mehr als 400 Meter unter dem Meeresspiegel. Am Horizont sind die Hügel Jordaniens erkennbar.

JERUSALEM

die HEILIGE

• Die sogenannte Davidszitadelle überragt die Mauern der Altstadt. Das Minarett wurde während der türkisch-osmanischen Besetzung im 17. Jahrhundert errichtet.

EINFÜHRUNG Jerusalem, die Heilige

WENN ES EINE STADT AUF DER WELT GIBT, DEREN GESCHICHTE IM ZEICHEN DER SUCHE NACH GOTT STEHT UND DIE ZUGLEICH SYMBOL FÜR DAS SCHWIERIGE, UNUMGÄNGLICHE ZUSAMMENLEBEN DER KULTUREN IST, IST DAS JERUSALEM. »VERGESSE ICH DEIN, JERUSALEM, SO WERDE MEINER RECHTEN VERGESSEN!« (PSALM 137) SCHRIEB VOR VIELEN JAHREN DER PSALMIST IM EXIL. DIE VERBUNDENHEIT MIT DIESER STADT KENNZEICHNET NOCH HEUTE DIE ANGEHÖRIGEN DER GROSSEN MONOTHEISTISCHEN RELIGIONEN: JUDEN, MOSLEMS, CHRISTEN. SIE UNTERSCHEIDEN SICH IN VIELEM, ABER ALLE SEHEN JERUSALEM ALS »DIE HEILIGE«, DIE HEIMAT, DIE KEINER AUFGEBEN WILL. HEUTE KOMMT MAN ÜBER BREITE STRASSEN NACH JERUSALEM, DIE DEN VERKEHR INS ZENTRUM LEITEN. IM WESTEN DAS NEUE

- Ein beeindruckender Glockenturm aus dem 12. Jahrhundert neben der romanischen Vorderfront der bedeutendsten christlichen Basilika in Jerusalem, der Grabeskirche.

EINFÜHRUNG Jerusalem, die Heilige

VIERTEL DES MODERNEN ISRAEL, ORDENTLICH UND TECHNOLOGIEGEPRÄGT WIE EINE MITTELEUROPÄISCHE METROPOLE. IM OSTEN DER ARABISCHE STADTTEIL, DER MIT SEINEN ÜBERFÜLLTEN ANSIEDLUNGEN SEHR ARM WIRKT. ZWISCHEN DIESEN GEGENSÄTZEN SCHLÄGT DAS HERZ JERUSALEMS: DIE ALTSTADT, IN IHRER MAGIE ERHALTEN VON DEN JAHRHUNDERTEALTEN MAUERN, DIE SÜLEYMAN DER GROSSE (1542) ERBAUEN LIESS. DIE ALTSTADT, NICHT GRÖSSER ALS EINE MITTELALTERLICHE ANSIEDLUNG, IST DIE ›RELIGIÖSE HAUPTSTADT‹ DER ERDE. FÜR DIE JUDEN DIE STADT DES KÖNIGS DAVID UND DES HEILIGEN BERGS DER SCHRIFTEN, AUF DEM DER ERSTE UND DER ZWEITE TEMPEL ERRICHTET WURDEN. ES IST DIE VON DER BIBEL GEPRIESENE STADT, VON DER DAS VOLK WÄHREND SEINER ZERSTREUUNG IN ALLE WELT TRÄUMTE. UND DIE KLAGEMAUER IST HEUTE EIN

EINFÜHRUNG Jerusalem, die Heilige

HEILIGTUM DES JUDENTUMS UNTER FREIEM HIMMEL. FÜR DIE MOSLEMS IST JERUSALEM »AL-QUDS«, DIE HEILIGE. IN IHREN MOSCHEEN BETET MAN SEIT TAUSEND JAHREN ZU ALLAH. MOHAMMED SOLL VON HIER IN DEN HIMMEL AUFGESTIEGEN SEIN, UND DIE GLÄNZENDE GOLDKUPPEL, DIE DARAN ERINNERT, IST FÜR JEDEN DAS SYMBOL DER STADT. SCHLIESSLICH IST SIE FÜR DIE CHRISTEN ORT DER ERLÖSUNG: HIER STARB JESUS, UND SEINE JÜNGER SAHEN IHN AUFERSTEHEN. HIER KANN MAN DEN SELBEN WEG NEHMEN, DEN CHRISTUS MIT DEM KREUZ GING UND HIER KANN MAN AN SEINEM LEEREN GRAB BETEN. ETWAS AUSSERHALB LIEGT DAS GEBÄUDE DES ABENDMAHLSSAALS. DIE ZEITEN ÜBERDAUERTE AUCH DER OLIVENHAIN GETHSEMANE, IN DEM ER BETETE, BEVOR MAN IHN GEFANGEN NAHM. IN JERUSALEM VERMISCHEN SICH DIE RELIGIONEN, WODURCH

Jerusalem, die Heilige

Einführung

EINE BESONDERE ATMOSPHÄRE ENTSTEHT. DAS GELÄUT DER CHRISTLICHEN BASILIKEN IST EBENSO HÖRBAR WIE DIE GEBETSRUFE DER MUEZZINS, DIE DEN GESANG DER JUDEN AN DER KLAGEMAUER ÜBERTÖNEN. JERUSALEM BESTICHT MIT EINER REICHEN FARBPALETTE: DER WEISSE STEIN, AUS DEM ALLES ERBAUT IST, BLENDET IN DER MORGENSONNE UND ERSCHEINT BEI SONNENUNTERGANG RÖTLICH. DIE DUNKLEN TÖNE DER JÜDISCHEN KOPFBEDECKUNGEN ODER DER GEWÄNDER DER CHRISTEN MISCHEN SICH MIT LEUCHTENDEN FARBEN DER SCHLEIER MUSLIMISCHER FRAUEN. GEWÜRZE ALLER ART WERDEN IM ARABISCHEN SUK, DEM KOMMERZIELLEN VIERTEL, VERKAUFT. JEDER TAG BIETET AUF UNVERGLEICHLICHE WEISE STARKE KONTRASTE, MIT DENEN MAN HIER – ZUM GLÜCK DER BESUCHER – UMGEHEN MUSS.

Menschen drängen sich zusammen, um die Lektüre der *Tora* zu hören. Anlass ist der *Bar Mitzva*, die Initiationsfeier zum Erwachsenenleben bei den Juden.

Life's hard

34–35 • Jerusalem, die Heilige (auf Arabisch *Al-Quds*) wurde auf 800 Meter über dem Meeresspiegel liegenden Höhen erbaut. An sonnigen Tagen glänzt der Goldüberzug des Felsendoms (aus dem Arabischen: *Qubbet as-sakhra'*) wie ein Schmuckstück und ist in der ganzen Stadt sichtbar.

36–37 • Die von Eroberern und Regierenden erbaute und im Laufe der Jahrhunderte immer wieder zerstörte Davidszitadelle diente als Verteidungsanlage von Jerusalem.

38–39 • Der Davidsturm erhebt sich über den osmanischen Mauern. Süleyman der Prächtige liess sie errichten, um die Stadt uneinnehmbar zu machen.

39 • Das Jaffator in der Nähe der Davidszitadelle.

Nach dem Zweiten Weltkrieg begannen die Ausgrabungen in der Davidszitadelle. Durch sie konnten wichtige Zeugnisse aus der Geschichte der jahrtausendealten Stadt geborgen werden.

Die Reste der Zitadelle werden nachts beleuchtet. Sie sind eines der Wunder Jerusalems, das Touristen und Pilger heute wieder in seinem ganzen Glanz erleben können.

פרט לרכב מורשה
EXCEPT AUTHORIZED
VEHICLE

44–45 • Das Dungtor im jüdischen Viertel öffnet sich in Richtung Kidrontal, wo in der Vergangenheit die Abfälle aus der Stadt entsorgt wurden.

45 • In diesem Teil der Mauern kann man ihre eindrucksvolle Stärke bewundern.

Spitz zulaufende Fialen und meisterhafte Symmetrien: das Damaskustor ist das monumentalste auf dem Weg zur Altstadt von Jerusalem.

48 • Unter den Zugängen zur Innenstadt bestickt besonders das Löwentor, auch Stephanstor genannt.

48–49 • Das seit Jahrhunderten zugemauerte Goldene Tor. Für die Moslems beginnt hier das Weltgericht.

50 und 50–51 • Zwischen Ölberg und der Zone des Zweiten Tempels liegt der Archäologische Park (mit 5000 Jahre alten Fundstücken Israels wichtigster Ausgrabungsort). Hier befindet sich das Davidson-Center, auf Fundamenten eines Omaijadenpalastes aus dem 7. Jahrhundert v. Chr. erbaut.

52–53 • An einem Festtag: Eine geordnete Menge gläubiger Juden erwartet das Gebet vor der Westmauer von Jerusalem.

54–55 und 55 • Männer und Frauen beten getrennt an der Klagemauer. Ihre Ursprünge liegen in der Zeit des Zweiten Tempels in Jerusalem, der nach dem Rückzug der Babylonier im 6. Jahrhundert v. Chr. von den Persern erbaut wurde.

56–57 • Ultraorthodoxe Juden mit ihrer traditionell schwarzen Kleidung versammeln sich zum Samstagsgebet an der Klagemauer.

58–59 • *Bar-Mizwa*, die Religionsmündigkeit der jüdischen Jugendlichen, wird öffentlich von Verwandten und Freunden in Jerusalem gefeiert. Das Fest findet im 13. Lebensjahr statt.

59 • Ein alter Mann trägt, fast wie in einer Umarmung, eine Thorarolle.

60 • Die öffentliche Lesung der Schrift, zu ersten Mal bei der *Bar-Mizwa*, ist das Zeichen der Volljährigkeit jedes jungen Juden.

61 • Ein orthodoxer Jude mit vom *Tallit* bedecktem Kopf und Schultern und einer Thorarolle.

Ein Blick vom Ölberg auf die Stadt: Hinter der grauen Kuppel der Grabeskirche (links) und der vergoldeten des Felsendoms ragen moderne Hochhäuser auf.

64 • Diese äußere Nische des Felsendoms zeigt die herrlichen Dekorationen, mit denen das Gebäude geschmückt ist.

64–65 • Die Ende des 7. Jahrhunderts n. Chr. erbaute Moschee ist einer der ältesten existenten islamischen Kultorte.

66–67 • Um zur Moschee zu gelangen, muss eine dieser antiken Säulenreihen durchschritten werden.

67 • Mit dem hellen Glanz der Goldkuppel sticht der Felsensdom aus der weiten Ebene hervor.

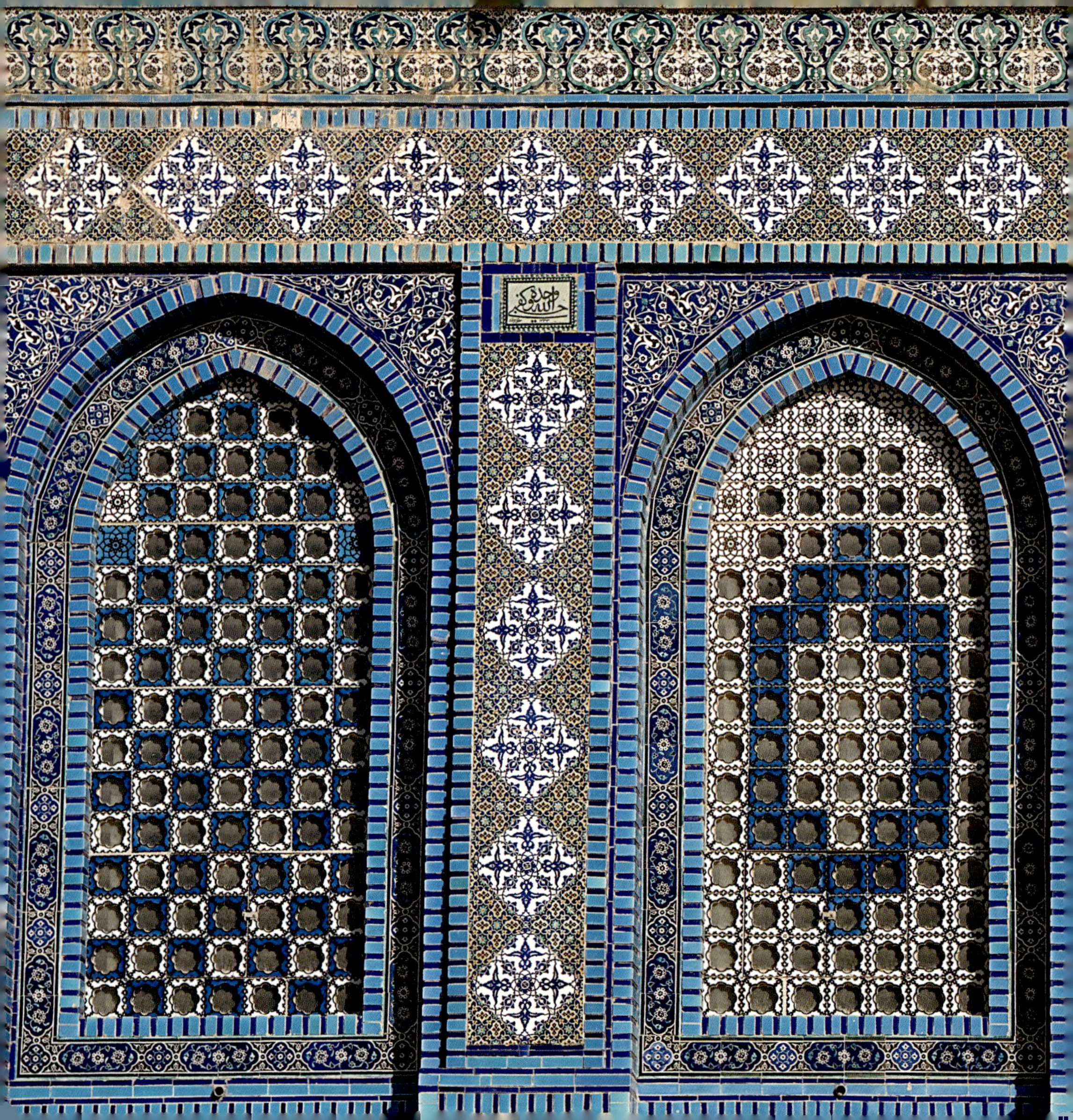

Feine Geometrien und elegante Arabesken zieren die Wände und die Bereiche der alten Außenfenster des Felsendoms.

Im Innern der Moschee befindet sich der Felsen, der in der islamischen Tradition als der Ort gilt, vom dem Mohammed zum Himmel aufstieg.

Die Mauern Jerusalems und die goldene Kuppel des Felsendoms sind auch bei nächtlicher Beleuchtung eindrucksvoll.

Die Kuppel der *El-Aqsa*-Moschee, die im 8. Jahrhundert in der Nähe des Felsendoms errichtet wurde, hebt sich vor dem Hintergrund der Altstadt ab.

Starke Säulen tragen die Bögen der *El-Aqsa*-Moschee, die mehr als fünftausend Gläubigen Platz bietet und damit die größte in Jerusalem ist.

• Die Anlage der Grabeskirche befindet sich in dem Gebiet, in dem die Kreuzigung und Auferstehung Christi stattgefunden haben soll.

80 • Ein mit zwölf Stahlen geschmücktes Gewölbe befindet sich über dem Kiosk des Heiligen Grabes.

81 • Osterkerzen, Hängeleuchten und Abbildungen der Auferstehung schmücken den Eingang zu dem Ort, an dem Jesus begraben worden sein soll.

82 ◦ Der Stein der Salbung Jesu erinnert an die Niederlegung und Salbung seines Körpers durch Nikodemus und Joseph aus Arimathaia.

83 ◦ Der sogenannte »Chor der Griechen« ist der zentrale Teil der Grabeskirche. In ihm werden die orthodoxen Feiern zelebriert.

In der unterirdischen Kapelle der heiligen Helena im Innern der Grabeskirche findet im Schein von Kerzen und Öllampen ein Ritual statt.

86 ● Der Altar der Kalvarien-Kapelle in der Grabeskirche befindet sich direkt auf dem Felsen, auf dem das Kreuz Christi aufgerichtet wurde. Vor ihm knien christlichen Pilger nieder.

87 ● Über dem Altar befindet sich eine Abbildung der Kreuzigung im dekorativen Stil der Ostkirchen.

88–89 • Dieses Geschäft in der Altstadt von Jerusalem bietet christliche Bilder und Ikonen sowie Antiquitäten zum Kauf an.

89 • Die Abbildung zeigt einige Gebäude, die aus dem klassischen weißen Stein gebaut wurden.

90 • Christen in der Via Dolorosa während der Osterprozession.

90–91 • Eine große Anzahl Christen nimmt an den Feierlichkeiten am Palmsonntag teil, der an den triumphalen Einzug Jesu in die Heilige Stadt erinnert.

92 ● Seine Heiligkeit Fouad Twal, Lateinischer Patriarch von Jerusalem (vorn, weiß und purpurfarben gekleidet), führt einige Prälaten bei der Prozession am Palmsonntag.

93 ● Mit hellen Paramenten gekleidete Vertreter des katholischen Klerus reihen sich mit angezündeten Kerzen um den Salbungsstein.

Auf dem Berg Zion, unweit der von Süleyman dem Großen errichteten Mauern, erhebt sich die Marienkirche, ein von den Christen in Erinnerung an die Mutter Jesu Christi verehrter Ort.

96–97 • Eine Kuppel mit geflochtenem Rippenwerk, wie sie für armenische Kirchen typisch ist, schmückt die armenisch-orthodoxe Jakobuskirche. Sie ist dem 44 n. Chr. in Jerusalem enthaupteten Apostel gewidmet.

97 • Unter dem Hauptaltar der Kirche befindet sich das Grab des ersten Bischofs von Jerusalem. Über den Resten seines Hauses wurde die Kathedrale erbaut.

לעילוי נשמת
בר יעקב כהן
נדבת משפחת
המנוחה שרה בר שלום חיון
כהן - חיון
דוד מלך ישראל
חי
וקים
ישראל

98–99 • Dieses von einem schwarzen Tuch bedeckte Grab mit ungewisser Datierung ist nach jüdischer Überlieferung das des Königs David und wird als solches verehrt.

99 • Die Säulenreihe gibt den Blick auf einen der heiligsten und für die Christen wichtigsten Orte von Jerusalem frei: es handelt sich um den Abendmahlssaal, in dem Jesus das letzte Mahl mit seinen Jüngern einnahm.

100–101 • Alte Bogen aus Stein in einer Straße des armenischen Viertels bieten interessante Details.

101 • Von den Mauern der Zitadelle sieht man einen Teil des *Omar-ibn-el-Khattab*-Platzes, dessen Besuch für Pilger und Gläubige Pflicht ist.

102 • Auch diese Straße im jüdischen Viertel wartet mit der für die Altstadt typischen Reichhaltigkeit an Impressionen auf.

103 • Kinder in der Nähe der Säulen des Cardo Maximus aus römischer Zeit.

בית הכנסת ובית
צמח-צדק
TZEDEK

ROZEN

104–105 • Diese überdeckte Straße im jüdischen Viertel hat denselben Verlauf wie der antike *Cardo* Maximus.

105 • Einige der Gebäude im jüdischen Viertel fallen mit dem Glanz des weißen Steins auf, aus dem sie erbaut wurden.

106 • Vor dem Hintergrund der typischen Gebäude Jerusalems mit nüchternen und rechteckigen Linien spielt eine Gruppe Mädchen.

107 • Ein orthodoxer jüdischer Großvater in Begleitung seines Enkels, aufgenommen in einem Moment der Ruhe.

Auf den Dächern von Jerusalem wechseln Wasserzisternen, Antennen und Minarette einander ab. Ein ständiger Kontrast zwischen alt und neu, heiligen Symbolen und Dingen des täglichen Lebens.

7UP

110–111 • Laut und farbenfroh empfängt der arabische Markt den vom Damakustor kommenden Besucher.

111 • Die Minarette aus weißem Stein sind eins der Symbole des muslimischen Jerusalems.

112 • Ein Radfahrer – nach der Kleidung zu urteilen ein orthodoxer Jude – in einer Gasse der Altstadt.

113 • Der ältere arabische Bäcker zeigt zufrieden seine Ware, unter der besonders Sesambrot in traditionellen Formen zu finden ist.

114–115 ● Ein Geschäft für Antiquitäten und Schmuck unter den Bögen der ehemaligen Keller der Altstadt.

115 ● Ein bei muslimischen Frauen mit Bedacht gewähltes Kleidungsstück ist der Schleier, der hier mit vielen Motiven verkauft wird.

116 • Kommen und Gehen von Kunden und Händlern im bedeckten Bereich des arabischen Suk von Jerusalem.

117 • Männer verschiedenen Alters beim Kartenspiel. Auffallend sind die Holzdekorationen und die farbigen Fenster in diesem historischen Lokal im arabischen Viertel in der Altstadt.

Bei einem Kauf in »vollendet orientalischem Stil« kann auf das Verhandeln des Preises nicht verzichtet werden.

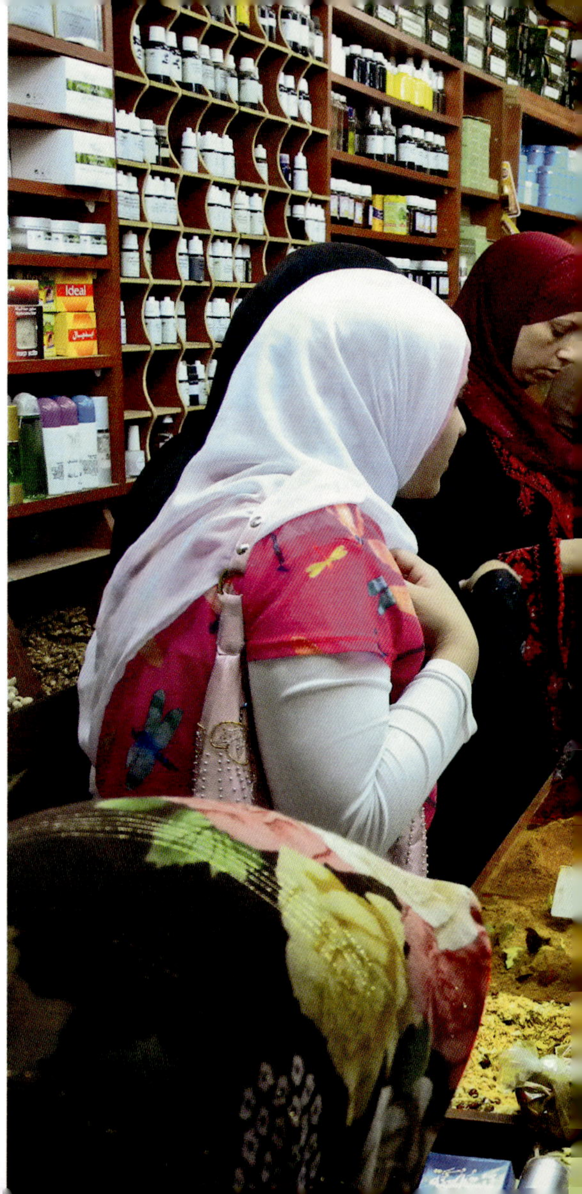

Rice-Meat-Soup
Cardamom
Cumin
Turmeric
English Pepper
Black Pepper
Nutmeg
Coriander
Paprika
B.B.Q
Rice & Chicken
Sumac
Falafel Mix

Schmuck und Teppiche in vielen Farben gehören ebenso zum Markt wie mit Gewürzen gefüllte Behältnisse. Die Gewürze werden mit der traditionellen kleinen Holzschaufel entnommen und nicht konfektioniert verkauft.

ابو موسى اللداوي

So wirkt der Ölberg mit dem Garten Gethsemane, wenn man sich ihm von der Ebene des Tempelberges zuwendet. Die Umgebung Jerusalems war zu Zeiten Jesu sicher nicht viel anders.

124–125 • Die Kuppel der *Dominus-Flevit*-Kapelle auf dem Ölberg des italienischen Architekten Antonio Barluzzi.

125 • Diese Olivenbäume im Garten Gethsemane sind wahrscheinlich tausende Jahre alt.

126 • Zur Erinnerung wurden einige Steine auf ein jüdisches Grab auf dem Ölberg gelegt.

126–127 • Im Tal Josaphat, in der Nähe Gethsemanes soll sich das Jüngste Gericht vollziehen. Deshalb lassen sich viele Gläubige hier begraben.

Unweit von Gethsemane finden sich im Kidrontal die Gräber von *Zacharias* und *Beni Ezer*, Monumentalgräber aus dem 1. oder 2. Jahrhundert.

130 ● Dieses moderne Gebäude zeigt den Einfluss des Jerusalemer Stils.

131 ● Nordjerusalem: An der Kreuzung einer stark befahrenen Straße ragen diese imposanten Gebäude in die Höhe.

132–133 • Safra Square, der Rathausplatz im neuen Teil von Jerusalem. Hier als Kulisse für eine Ausstellung moderner Kunst.

133 • Das Gebäude der jüdischen Universität, verkleidet mit dem traditionell in Jerusalem genutzen Stein.

134 • Eine charakteristische, vor allem von Fußgängern genutzte Straße des modernen Jeruslem ist die *Ben Yehuda Street*.

134–135 • Die wichtige *Jaffa Road* verbindet den alten Teil der Stadt mit dem modernen Bus- und Zugabfahrtspunkten.

HAGARA
70%
SALE
38

קסטרו

136–137 • Abends erleuchten Schaufenster und Wasserspiele die moderne *Mamilla Mall*, ein Shopping-Center in der Nähe des Jaffators.

137 • Die kürzlich gebaute, innovative *Mall* basiert auf einem Kompromiss zwischen Traditionellem und Modernem.

138 • Die sich außerhalb der Tore von Jaffa erhebende Windmühle wurde im 19. Jahrhundert vom englischen Philantrophen Joseph Montefiore errichtet.

139 • Im letzten Jahrhundert dehnte sich der moderne Stadtteil mit seinen Häusern und Verkehrsknotenpunkten an der Seite der historischen Altstadt aus.

140 • Das YMCA, die Jugendherberge von Jerusalem, befindet sich in einem historischen Gebäude aus dem Jahr 1933.

140–141 • Der Skopusberg bietet seit jeher eine wunderbare Aussicht. Früher diente er als Militärstützpunkt, heute hat die jüdische Universität Jerusalem hier ihren Sitz.

142 • Der jüdische Markt von *Mahane Yehuda* mit seinen Gemüseständen ist ein beliebter Ort bei Einwohnern und Touristen in Jerusalem.

143 • Ein alltägliches Bild im jüdischen Viertel: junge Mütter beim Spazieren mit ihren Kindern.

50,000

Das in den sechziger Jahren gegründete Israel-Museum ist die bedeutendste Institution für israelische Kultur. Mehr als 500 000 archäologische Fundstücke und Kunstwerke befinden sich in seinem Besitz.

Im Innern des Schreins des Buches mit amphorengleichen oberen Teil werden antike jüdische Handschriften aufbewahrt.

148 und 148–149 • Das *Yad Vashem*-Museum zeigt zur Erinnerung an Holocaustopfer Gedenksteine und die Rekonstruktion der Straße eines Ghettos mit Gleisen und Straßenbeleuchtung.

150–151 • Eine Zusammenstellung aus 600 Abbildungen und Zeugnissen von Holocaustüberlebenden bedeckt das Gewölbe der Halle der Namen im *Yad Vashem*.

A Page of Testimony
YAD VASHEM
GEDENKBLATT
Emlék-Lap
Martyrs' and Heroes' Remembrance Authority
YAD VASEM
Feuille de Témoignage
Page of Testimony
A Page of Testimony
דף-עד

YAD VASHEM
A Page of Testimony
GEDENKBLATT
GETUIGENIS
DAF-ED
דף-עד

Die Glasfenster der Synagoge der Universitätsklinik Hadassah wurden von Marc Chagall entworfen. Jedes Fenster zeigt einen anderen Volksstamm Israels.

WIEDER ENTDECKTES LAND

Eine Kamelkarawane bei einer Pause am Damaskustor, das an seinem bis heute unveränderten, eleganten *Zinnenkranz* erkennbar ist.

EINFÜHRUNG Wiederentdecktes Land

IN EUROPA IST DAS HEILIGE LAND LANGE ZEIT NAHEZU UNBEKANNT: FAST EIN MYTHOS, VERBUNDEN MIT DER LEKTÜRE DER BIBEL UND DER RITTEREPEN. MEHR GEHEIMNIS ALS KONKRETER ORT, DESSEN LANDSCHAFTEN, SITTEN UND GEBRÄUCHE VERTRAUT SIND. NUR HÄNDLER UND ABENTEURER ZIEHT ES NACH JERUSALEM. NUR WENIGE MUTIGE BEGEBEN SICH IN DAS GEFÄHRLICHE GEBIET DER OSMANEN. DAS ÄNDERT SICH ERST ZU BEGINN DES 19. JAHRHUNDERTS DANK DES SCHOTTISCHEN KÜNSTLERS UND LANDSCHAFTSMALERS DAVID ROBERTS, DER SICH ENTSCHLIESST, DAS PROJEKT SEINES LEBENS UMZUSETZEN: MIT DEM SCHIFF REIST ER NACH ÄGYPTEN, PALÄSTINA UND JORDANIEN, UM IMPOSANTE, JAHRTAUSENDEALTE RUINEN UND BIBLISCHE ORTE ZU DOKUMENTIEREN. ZURÜCK IN DER HEIMAT, NUTZT ROBERTS DIE FÜLLE AN ZEICHNUNGEN UND SKIZZEN, DIE ER

EINFÜHRUNG Wiederentdecktes Land

WÄHREND DER LANGEN REISE MACHTE, ALS VORLAGE FÜR ÜBER MEHRERE JAHRE ERSTELLTE LITHOGRAFIEN (1842–49). SIE ERSCHEINEN IN ZWEI SAMMLUNGEN, DIE SICH ÄGYPTEN UND DEM HEILIGEN LAND WIDMEN UND IN GANZ EUROPA MIT VIEL INTERESSE AUFGENOMMEN WERDEN.

MIT DIESEN LITHOGRAFIEN GIBT ES ERSTMALS ABBILDUNGEN, DIE DAS HEILIGE LAND MIT SEINEN BEWOHNERN UND GEBRÄUCHEN, STÄDTEN, ARCHÄOLOGISCHEN RESTEN UND LANDSCHAFTEN ZEIGEN. DURCH SIE ENTDECKT EUROPA DIE KUPPELN UND MINARETTE VON JERUSALEM, DIE KARGEN BERGE DER SINAI-HALBINSEL SOWIE DAS SANFTE JORDANTAL. DER NAHE OSTEN MIT SEINEM RELIGIÖSEN UND EXOTISCHEN ZAUBER BEGINNT DIE VORSTELLUNGSKRAFT VON AUTOREN ANZUREGEN. DER RUSSISCHE DICHTER NIKOLAJ GOGOL (1848), DER FRANZÖSISCHE ROMANCIER GUSTAVE

EINFÜHRUNG Wiederentdecktes Land

FLAUBERT (1850) UND DER AMERIKANER MARK TWAIN (1867) BESICHTIGEN DAS HEILIGE LAND. AM 9. MÄRZ 1842 WIRD IN DER MAILÄNDER SCALA »NABUCCO« VON GIUSEPPE VERDI URAUFGEFÜHRT, EIN WERK, DESSEN HANDLUNG ZWISCHEN JERUSALEM, PALÄSTINA UND DEM EUPHRAT SPIELT. ABER DIE AUFMERKSAMKEIT DES OKZIDENTS FÜR DIE LEVANTE ZEIGT SICH NICHT NUR IM KÜNSTLERISCHEN, SONDERN AUCH IM WIRTSCHAFTLICHEN BEREICH. DAS AUGENMERK EUROPAS UND DER GESAMTEN WELT GILT IHR 1869, ALS DER SUEZKANAL IN ÄGYPTEN EINGEWEIHT WIRD, DER DIE TRADITIONELLEN HANDELSWEGE RADIKAL VERÄNDERT. VON DIESEM MOMENT AN IST ES NICHT MEHR NÖTIG, AFRIKA ZU UMSCHIFFEN, UM INDIEN ZU ERREICHEN. DIE SCHIFFE MIT IHREN LADUNGEN AN GÜTERN UND PASSAGIEREN NEHMEN NUN KURS IN RICHTUNG VORDERER ORIENT. IN DER FOLGE

EINFÜHRUNG Wiederentdecktes Land

VERVIELFÄLTIGEN SICH DIE KONTAKTE, REISEN NEHMEN ZU, WISSEN WIRD VERTIEFT. UM DAS ›UNTERNEHMEN‹ SUEZ-KANAL ZU PREISEN, INSZENIERT VERDI 1871 SEIN GROSSARTIGES WERK »AIDA« IN KAIRO. UND DIE LESER IN EUROPA LERNEN DEN MODERNEN NAHEN OSTEN AUCH MITTELS POPULÄRER ROMANE KENNEN: JULES VERNE LÄSST SEINE PROTAGONISTEN IN SEINEM BERÜHMTEN ROMAN »IN 80 TAGEN UM DIE WELT« (1873) MIT EINEM SCHIFF VOM HAFEN VON BRINDISI AUS IN SEE STECHEN UND IN KAIRO DAS LAND BETRETEN.

SICH IN DAS HEILIGE LAND ZU BEGEBEN IST NUN KEIN UNMÖGLICHES UNTERFANGEN MEHR, SONDERN EINE FÜR VIELE MÖGLICHE, ABENTEUERLICHE TOUR. SOMIT BEGINNEN DIE ERSTEN VON UNZÄHLIGEN UNTERNOMMENEN REISEN, NÄMLICH DIE DER PILGER ZU DEN RELIGIÖSEN KULTSTÄTTEN.

160–161 • Einige Händler auf der Seidenstraße, während die Sonne über dem Golf von Aqaba am Roten Meer aufgeht. Unweit der Küste erhebt sich die Insel Graia, beherrscht von einer muslimischen Burg.

162–163 • Auf der Terrasse vor der St.-Anna-Kirche wenden sich einige Pilger dem Gebet zu. Im Hintergrund überragt die Kuppel des Felsendoms die Heilige Stadt.

Der sogenannte Davidsturm sticht aus der Festungsanlage mit ihren dicken Mauern und dem sie umgebenden Graben hervor.

Citadel of Jerusalem. without the walls

Golden Gate of the Temple
Shewing

166–167 • Schon zu Zeiten David Roberts ließen sich viele am Goldenen Tor begraben, denn der Prophezeiung nach soll der Messias bei seiner Rückkehr hier in die Stadt eintreten.

167 • Eine Gruppe Männer entspannt sich beim Rauchen zwischen den Ruinen am Eingang der Stadt, am nordwestlichen Teil von Jerusalem.

168–169 • Eine Szene aus dem täglichen Leben: vor dem Hintergrund der baufälligen Fassade der Grabeskirche rauchen Einwohner lange Pfeifen.

169 • In Innern der Kirche kniet man vor dem Salbungsstein nieder, auf dem der Überlieferung nach der Körper des toten Christus gelegt wurde.

Church of the Holy Sepul
Jerusalem.
April 11th 1839.

170–171 • Einiger Pilger beten im Khatolikon, das bei orthodoxen Gläubigen als der eigentliche Mittelpunkt der Grabeskirche gilt.

171 • Die Überbauung des von zwei großen Tüchern eingehüllten Heiligen Grabes im Stile eines Kiosks bot sich im 19. Jahrhundert ähnlich wie heute dar.

Diesen Panoramablick auf den Osten Jerusalems hat man von einem Aussichtspunkt im Süden der Stadt jenseits des Zedrontals. Rechts befinden sich gut sichtbar das Grab von Zacharias, das der Priesterfamilie Beni Ezer, das auch als Grab des heiligen Jacobus bekannt ist, und das des Absalom mit der typischen Bedeckung.

174 • Ein lebhafter Moment in einem Pilger-Lager, das vom Zelt des Regierenden dominiert wird. Im Hintergrund sind die Oberfläche des Toten Meeres und rechts einige Reiter im Galopp zu erkennen.

174–175 • Pilger waschen sich im Fluss von Johannes dem Täufer. Umgeben sind sie von der eindrucksvollen Landschaft der transjordanischen Hügel.

David Roberts. R.A.
2nd. 1839.

of St. Saba. April 4th 1839

• An den steil abfallenden Hängen einer vom Zedron ausgewaschenen Schlucht erhebt sich das griechisch-orthodoxe Mar-Saba-Kloster. Roberts erreichte es offenbar nach einem langen Marsch von Betlehem aus.

178 • Das alte Kloster bei Nazareth ist umgeben von den sanften Hügeln der Landschaft Galiläas.

178–179 • So sah der Altar der Verkündigungskirche der Franziskaner in Nazareth aus, als David Roberts sie im April 1839 besichtigte. Später wurde die Kirche durch eine größere und modernere ersetzt.

• Einige Fußgänger gönnen sich eine Pause vor Akkon. Weiß hebt sich die Stadt vor dem blauen Mittelmeer im Hintergrund ab.

David Roberts

ZEUGEN der VERGANGENHEIT

- Die von Herodes erbaute Festung *Masada*, die römische Legionen nur nach langer Belagerung einnehmen konnten, erhebt sich über das umliegende Territorium.

EINFÜHRUNG Zeugen der Vergangenheit

SEINE BLÜTEZEIT ERLEBT DER NAHE OSTEN MIT HOCH ENTWICKELTEN KULTUREN UND MILDEM KLIMA VOR TAUSENDEN JAHREN. DAS IN IHM LIEGENDE GEBIET MIT SEHR NÄHRSTOFFREICHEN BÖDEN WIRD AUCH »FRUCHTBARER HALBMOND« GENANNT. ES HAT DIE FORM EINER UMGEKEHRTEN SICHEL MIT DEN ÄUSSERSTEN PUNKTEN ÄGYPTEN UND PALÄSTINA IM WESTEN SOWIE AN DEN WASSERREICHEN MÜNDUNGEN DER FLÜSSE EUPHRAT UND TIGRIS IM OSTEN. DAS ZWEISTROMLAND MESOPOTAMIEN IM NORDEN WIRKT WIE SEINE GROSSE RUNDUNG – HEUTE LIEGEN SYRIEN UND DER IRAK IN DIESEM GEBIET. IM LAUFE DER JAHRHUNDERTE GING DER FRUCHTBARE BODEN ZURÜCK UND DIE WÜSTE BREITETE SICH AUS. ABER DIE ZEICHEN DER EHEMALIGEN PRACHT, ARCHÄOLOGISCHE AUSGRABUNGSSTÄTTEN VON UNVERGLEICHLICHEM WERT, SIND NOCH IMMER ZU ENTDECKEN. SIE LASSEN DIE REGION ZU EINEM DER BEDEUTENDSTEN FREILICHT-

• Dieses sternförmige Fenster fand sich an der Ruine des Hisham-Palastes, einem bedeutsamen Beispiel für die Architektur der Omaijaden, in Jericho.

EINFÜHRUNG Zeugen der Vergangenheit

MUSEEN DER WELT WERDEN. IM NORDOSTEN SYRIENS WIDERSTEHT, WENN AUCH IN FORM VON RUINEN, MARI DEM LAUF DER ZEIT: EIN MESOPOTAMISCHER STADTSTAAT, DER SICH VOR ETWA 4000 JAHREN AUF DEM HÖHEPUNKT SEINER MACHT BEFAND. AN DER SYRISCHEN MITTELMEERKÜSTE KAM BEI AUSGRABUNGEN UGARIT ANS LICHT – VOR 5000 JAHREN EINE BLÜHENDE STADT. TAUSENDE LEHMTAFELN, DIE IN IHREN ARCHIVEN GEFUNDEN WURDEN, SIND DIE ÄLTESTEN BEKANNTEN ZEUGNISSE EINES ALPHABETS. EBENFALLS IN SYRIEN, ABER IN DER WÜSTE, ERHEBT SICH PALMYRA. IHREN GLANZ ERLEBTE DIE STADT IM 3. JAHRHUNDERT N. CHR., IHRE HERVORRAGEND ERHALTENEN RUINEN NEHMEN EIN TERRITORIUM VON 50 HEKTAR EIN. DER GROSSARTIGE TEMPEL, DER SIE ÜBERRAGT, IST DEM HEIDNISCHEN GOTT BAAL GEWIDMET, GEGEN DEN SICH DIE BIBLISCHEN PROPHETEN WANDTEN. JERICHO IST DIE ARCHÄOLOGISCHE PERLE PALÄSTINAS: SIE IST DIE EINZIGE STADT AUF DER ERDE, DIE AUF 10 000 JAHRE UNUNTERBROCHENE GESCHICHTE ZURÜCKBLICKEN KANN. DIE OASE VON JERICHO WAR FÜR

EINFÜHRUNG Zeugen der Vergangenheit

DIE MENSCHEN UND IHRE TIERHERDEN SCHON IM PROTO-NEOLITHIKUM (8000 JAHRE V. CHR.) UND IM NEOLITHIKUM (6000 V. CHR.) ZUFLUCHT. DIE NOCH ERHALTENEN RESTE IHRER VERTEIDIGUNGSMAUERN AUS DER BRONZEZEIT (3000 V. CHR.) KÖNNTEN DIE LEGENDÄREN MAUERN VON JERICHO SEIN, DIE JOSUA NUR DURCH DEN KLANG DER TROMPETEN ZUM EINSTÜRZEN BRACHTE. WELTWEIT BEKANNT SIND DIE RUINEN DES KÖNIGSPALASTES VON HERODES UND DER OMAIJADEN-PALAST MIT SEINEN MOSAIKEN, BEIDE VON BESONDERER BEDEUTUNG FÜR DIE VÖLKER DER HEILIGEN ERDE. GENAU ZWISCHEN DEM TOTEN UND DEM ROTEN MEER, AM ALTEN HANDELSWEG FÜR GEWÜRZE IN DER BERGREGION EDOM IN JORDANIEN, ERHEBT SICH SCHLIESSLICH DAS ATEMBERAUBENDE PETRA, HAUPTSTADT DER NABATÄER – IM 1. JAHRHUNDERT N. CHR. EINE PRACHTVOLLE UND LEBENDIGE ANSIEDLUNG. UM SIE ZU ERREICHEN, MUSS MAN EINEN 1,5 KILOMETER LANGEN BERGZUG ÜBERQUEREN. WENN DIESER GANZ ÜBERWUNDEN IST, ERBLICKT MAN DIE IN DEN FELSEN GEHAUENE STADT VON ÜBERRASCHENDER

Zeugen der Vergangenheit

Einführung

SCHÖNHEIT. WIE DER ORT DES FRIEDENS IST DIE WÜSTE AUCH DER KRIEGERISCHER EROBERUNGEN UNTER EINSATZ VON WAFFEN. HIER ERHEBEN SICH MAJESTÄTISCH DIE RUINEN GESCHICHTSTRÄCHTIGER FESTUNGEN. WENIGE KILOMETER VOM TOTEN MEER ENTFERNT, AUF EINEM RIESIGEN FELS ÜBER DEM SONST NIEDRIGEREN GEBIET, BEFINDET SICH MASADA: ALS IM 1. JAHRHUNDERT N. CHR. RÖMISCHE LEGIONEN JERUSALEM ZERSTÖRTEN, FLÜCHTETE DER LETZTE JÜDISCHE TRUPP HIERHIN, WO ER HEROISCH DER FAST DREI JAHRE LANGEN BELAGERUNG TROTZTE. IN DER ZEIT DER KREUZZÜGE WIRD DAS HEILIGE LAND MIT FESTUNGEN ÜBERSÄT. DIE AM BERGHANG ERBAUTE FESTUNG VON SCHAWBAK IN JORDANIEN, AUCH KRAK DE MONTRÉAL GENANNT, BLEIBT IM MITTELALTER DER LETZTE SCHUTZWALL DER WESTLICHEN WELT AM WÜSTENRAND: EIN ORT DRAMATISCHER SCHLACHTEN ZWISCHEN CHRISTLICHEN UND MUSLIMISCHEN ARMEEN.

- Sepphoris in Galiläa war im 1. Jahrhundert eine reiche römische Stadt. Auf diese Zeit gehen die herrlich gearbeiteten Mosaiken wie dieser Frauenkopf zurück.

190–191 • Ruine der Burg Nimrod, von den Moslems zum Schutz von Damaskus errichtet.

192 • Das byzantinische Mosaik mit einem Brotkorb und zwei Fischen erinnert an das Speisungswunder von Jesus in Tabgha am See Genezareth in Galiläa.

192–193 • Die Synagoge von Kafarnaum, der Stadt des heiligen Petrus. Das heute nur als Ruine erhaltene Gebäude wurde im 4. Jahrhundert n. Chr. errichtet.

194–195 • Auf dem Boden der antiken Synagoge von Hammath beeindruckt das große Mosaik mit Sternzeichen. In der Mitte hält die Sonne das Firmament in der Hand.

195 • Ein Ausschnitt aus demselben Mosaik zeigt einige Gegenstände des jüdischen Ritus, unter anderem ein siebenarmiger Leuchter.

196–197 • Im Süden des Sees Genezareth sind trotz Zerstörung noch immer die perfekten Geometrien der Kreuzfahrer-festung Belvoir zu bewundern.

197 • Die Festung hat mittlerweile kein Dach mehr, wie an diesem Raum unter freiem Himmel zu sehen ist.

198–199 • Seit dem 1. Jahrhundert v. Chr. erhebt sich das römische Theater über dem Zentrum von *Bet Sche'an*, der reichen Hauptstadt der Decapolis.

200–201 • Die Reste dieses Säulengangs sind ein beredtes Beispiel für die in der römischen Zeit von *Bet Sche'an* erreichte Stärke.

202 • Die Katakomben von *Bet Sche'arim* kamen dank Ausgrabungen ans Tageslicht.

202–203 • Der Tel (›Berg‹) von Megiddo, der über Jahrtausende bis zum 6. Jahrhundert v. Chr. bewohnt war, bietet eine Vielzahl von Fundstücken.

204–205 • Der enorme Durchmesser der tragenden Säulen und die ausladenden Bögen der Kellergeschosse in der Kreufahrerfestung von Akkon erwecken Erstaunen.

205 • In diesem Saal des Schlosses erlauben die hohen Decken eine gute Luftzirkulation, wie sie bei dem heißen Klima des Heiligen Landes notwendig ist.

Die monumentalen Reste eines römischen Aquädukts in *Cäsarea* (*Caesarea Maritima*). Diese außerordentliche Anlage half, das Wasser von den Hängen des Berges Karmel in die Stadt zu bringen.

208 • Der seit der Antike berühmte Handelshafen *Cäsarea* verdankt seine Pracht Herodes. Unter ihm erlebte er im 1. Jahrhundert v. Chr. seine Blüte.

208–209 • Das wunderbare römische Amphitheater mit der Linie des Horizonts im Hintergrund. Noch heute finden hier Vorstellungen statt.

210 • Nach 800 Jahren ist dieser Teil der festungsgleichen Stadt, die die Kreuzfahrer errichteten, in *Cäsarea* noch immer zu besichtigen.

211 • Solide Kreuzbögen empfangen den Besucher am Eingang zur auch in der Zeit der Kreuzfahrten bedeutenden Stadt *Cäsarea*.

Ungeachtet der
Schäden der Zeit
können in *Cäsarea*
noch immer die
eleganten Bögen
überquert werden,
die vor mehr als sieben
Jahrhunderten die
Kreuzfahrer erbauten.

In der Nähe von *Mizpe Ramon*, in der Negev-Wüste: Das geheimnisvolle Gesicht einer großen Statue wird vom Licht des Sonnenuntergangs erleuchtet.

216–217 • Ein eindrucksvoller Teil des Hisham-Palastes in Jericho ist der Säulengang. Errichtet wurde die Anlage im 8. Jahrhundert n. Chr. von der Omaijaden-Dynastie.

217 • Faszinierend ist dieses Gebäude aufgrund der perfekten Perspektiven.

218–219 • In *Bet Guwrin* finden sich wunderbare Fresken in einem Felsengrab, das mindestens auf das 2. Jahrhundert v. Chr. zu datieren ist.

220 • An den Schlund eines Vulkans erinnert der Hügel, auf dem sich die Ruinen des Herodion erheben, des berühmten Palastes von Herodes.

221 • Vier große runde Türme vervollständigen die mächtige Struktur der Festung, die zu Verteidungs- und Repräsentationszwecken angelegt und tatsächlich bewohnt wurde.

222 • Leider sind die Reste des riesigen Winterpalastes von Herodes dem Verfall preisgegeben. Das Gebäude überragte Jericho in der Zeit Jesu.

222–223 • An der Seite des Hügels, mit dem Herodion soll bei jüngsten Ausgrabungen das Grab von Herodes entdeckt worden sein.

Wie ein Adlernest und scheinbar uneinnehmbar wirkt die Festung von Masada, die König Herodes im 1. Jahrhundert v. Chr. bauen liess.

226 • Die einzelnen Gebäude der Festung von Masada wurden intensiven Restaurierungsarbeiten unterzogen. Dabei hat man auch interessante römische Fresken entdeckt.

226–227 • Die mit Zisternen, Lagern und Vorräten ausgestattete Festung widerstand drei Jahre der Belagerung. Im Bild: der Saal der Thermalbäder.

Von der antiken Nabatäerstadt blieb nichts als die Begrenzungsmauern, die sich noch heute über die grenzenlose Negev-Wüste erheben.

230–231 • Eine Dekoration verschönert das Gebäude in Advat. Die Stadt war einst ein wichtiges Ziel von Karawanen, die mit Weihrauch und Gewürzen handelten.

231 • Die heidnischen Tempel von Advat wurden in byzantinischer Zeit zu Kirchen umgebaut. Von ihnen blieben eindrucksvolle Säulengänge.

232–233 • Im Herzen der Wüste Negev liegt Mamshit, die kleinste und am besten erhaltene antike Nabatäerstadt.

233 • Das große Mosaik in der Kirche des heiligen Nilus von Mamshit enthält eine Widmung auf griechisch.

234–235 • In Shivta, einer besonders in byzantinischer Zeit florierenden Nabatäersiedlung, ragen die Reste dieses Gebäudes mit zwei Apsiden auf.

235 • Besonders eindrucksvoll ist die Maueranlage der Stadt. Seit 2005 gehört sie als Teil der Route mit dem Namen »Weihrauchstraße und Wüstenstädte im Negev« zum UNESCO-Weltkulturerbe.

236 • Elegante Bodenmosaiken zieren die Synagoge von Nirim, die wahrscheinlich im 5. Jahrhundert n. Chr. erbaut wurde.

236–237 • In der Nähe von *Be'er Scheva*, einer in der Bibel in Zusammenhang mit dem Patriarchen Abraham erwähnten Stadt, kann ein Tel von besonderer archäologischer Bedeutung bewundert werden.

Ein Mauerring umschließt die Kreuzfahrerfestung Schawbak unweit von Petra in Jordanien.

GRENZ GEWÄSSER

- Jordanien: Mit hellen Kristallen bedeckte Riffe sind im dampfenden Wasser des Toten Meeres, einem großen Salzsee, zu sehen.

EINFÜHRUNG Grenzgewässer

AUF DER WELTKARTE SIND DIE GRENZEN DES HEILIGEN LANDES BLAU GEKENNZEICHNET. IM LAND DER WÜSTEN UND DER RELIGIONEN IST ES TATSÄCHLICH DAS WASSER GEWESEN, DAS DIE ENTSCHEIDENDEN HISTORISCHEN EREIGNISSE UNTER BETEILIGUNG VON JUDEN, MOSLEMS UND CHRISTEN MITBESTIMMT HAT.

WENN MAN VOM HEILIGEN LAND IN RICHTUNG WESTEN SCHAUT, SIEHT MAN AM HORIZONT DAS BLAU DES MITTELMEERES, DAS DIE NATÜRLICHE GRENZE BILDET. AUS EUROPA KOMMEN DIE SCHIFFE DER RÖMER UNTER DEM DROHENDEN BANNER IHRES REICHES, UNTER DEM SIE JERUSALEM ZERSTÖREN WERDEN. DIE JUDEN PETRUS UND PAULUS NEHMEN DENSELBEN WEG, ALLERDINGS IN DIE ENTGEGENGESETZTE RICHTUNG, UM DAS EVANGELIUM IN

Ein herrlicher Blick von der Kirche der Seligpreisungen auf einem Hügel bei Kapernaum hin zum See Genezareth.

EINFÜHRUNG Grenzgewässer

DIE HAUPTSTADT DER UNBEKANNTEN WELT ZU BRINGEN. UND WIEDER ÜBER DAS MITTELMEER KOMMEN TAUSEND JAHRE SPÄTER DIE FLOTTEN DER KREUZZÜGE, UM DEN MOSLEMS DIE VORHERRSCHAFT ÜBER DAS LAND CHRISTI ZU ENTREISSEN.

RICHTET MAN JEDOCH DEN BLICK IN DEN OSTEN, SO IST ES DIE GEOLOGISCHE FORMATION DES GROSSEN AFRIKANISCHEN GRABENBRUCHS, DIE EINE WEITERE BLAUE GRENZE DES HEILIGEN LANDES BILDET. VOM NORDEN SYRIENS BIS NACH MOSAMBIK IST DIE ERDE DURCH EINEN TIEFEN VERTIKALEN SCHNITT GEKENNZEICHNET: ES HANDELT SICH DABEI UM EINE CIRCA 6000 KILOMETER LANGE EINBUCHTUNG MIT VARIIERENDER TIEFE UND BREITE, DIE VOR MILLIONEN JAHREN BEI DER TRENNUNG DER ARABISCHEN UND AFRIKANISCHEN TEKTONISCHEN PLATTE ENTSTAND. IM OBEREN

EINFÜHRUNG Grenzgewässer

BEREICH DES GROSSEN AFRIKANISCHEN GRABENBRUCHS LIEGT DAS HEILIGE LAND. IN DESSEN NORDEN FORMT DAS TAL EIN DER TRADITION NACH EINE ZITHER DARSTELLENDES BECKEN, DEN SEE GENEZARETH. HIERBEI HANDELT ES SICH UM EINEN GROSSEN SÜSSWASSERSEE, DER MIT JESUS IN VERBINDUNG GEBRACHT WIRD: IN DEN FISCHERDÖRFERN AN SEINEN UFERN PREDIGT DER MESSIAS, ÜBER SEIN WASSER GEHT ER, UND HIER LEGT SICH DER STURM. HEUTE BRINGT DER SEE LEBEN. FÜR EINE REGION, DIE HÄUFIG UNTER TROCKENHEIT ZU LEIDEN HAT, BILDET SEIN TALKESSEL EINEN UNERSETZBAREN SPEICHER FÜR BEWÄSSERUNG UND TRINKWASSER.

DER FLUSS, DER IN DEN SEE GENEZARETH MÜNDET UND DANN DURCH DEN GROSSEN AFRIKANISCHEN GRABENBRUCH NACH SÜDEN FLIESST, IST DER JORDAN. ALS GRENZ-

Grenzgewässer

Einführung

FLUSS ZWISCHEN JORDANIEN, ISRAEL UND DEN PALÄSTINENSISCHEN GEBIETEN REPRÄSENTIERT ER WIE KEIN ANDERER WASSERWEG DIE GESCHICHTE DER ERRETTUNG. ALS ES IHN ÜBERQUERT, BETRITT DAS VOLK ISRAELS NACH 40 JAHREN IN DER WÜSTE DAS VERSPROCHENE LAND. IN SEINEM WASSER TAUFT JOHANNES DEN UNBEKANNTEN JESUS, WAS DEN BEGINN VON DESSEN LEHRE BEDEUTET. DER JORDAN MÜNDET IN EIN KLEINES, EINZIGARTIGES MEER MIT SALZWASSER, DAS TOTE MEER. 423 METER UNTER DEM MEERESSPIEGEL GELEGEN, BEFINDET ES SICH AM NIEDRIGSTEN FESTLANDSPUNKT AUF DER ERDE. FÜR GENESUNGSBEDÜRFTIGE TOURISTEN IST ES EIN PARADIES: KRANKHEITEN DER HAUT UND DER ATEMWEGE WERDEN HIER MIT DEM REICH VORHANDENEN SALZ BEHANDELT; DER SCHLAMM WIRD ZU CREMES VERARBEIT, DIE IN ALLE WELT

Grenzgewässer

Einführung

EXPORTIERT WERDEN. SEINE SALZKONKRETIONEN BILDEN ERSTAUNLICHE SKULPTUREN.

IM SÜDEN WIRD DAS HEILIGE LAND VOM ROTEN MEER UMSCHLOSSEN. SEIN WASSER IST NACH DER BIBEL DAS EINES SAGENHAFTEN WEGES: EINST TEILTEN SICH DIE FLUTEN UND DAS VOR DEM PHARAO FLÜCHTENDE, VON MOSES GEFÜHRTE VOLK GELANGTE AUS DER SKLAVEREI IN DIE FREIHEIT. HEUTZUTAGE ZIEHT DAS MEER DEN MASSENTOURISMUS AN. SHARM EL-SHEIKH IN ÄGYPTEN, EILAT IN ISRAEL UND AQABA IN JORDANIEN SIND BERÜHMTE ORTE, DEREN NAMEN FÜR ENTSPANNUNG UND VERGNÜGEN STEHEN. MILLIONEN TOURISTEN WÄHLEN DIESE ZIELE AUFGRUND DER ZAUBERHAFTEN WASSERTIEFEN, DER FÜLLE AN TROPISCHEN FISCHEN UND DES TROPISCHEN KLIMAS MIT ZWÖLF SONNENMONATEN IM JAHR.

248 • An einer hellen, in das Mittelmeer ragenden Felswand brechen sich die Wellen.

248–249 • Seit Jahrhunderten höhlt das Meer den Felsen aus und schafft Einbuchtungen und Grotten. Wie diese in den Riffen aus Gips bei *Rosh haNikra*, einem Ort im Norden Israels an der Grenze zum Libanon.

Diese Skulptur mit der Form einer Hand scheint den Wellen Einhalt gebieten zu wollen. Sie befindet sich am Strand von Herzliya in der Nähe von Tel Aviv.

252 • Die israelische Mittelmeerküste weist unzählige Buchten mit kristallklarem Wasser auf.

252–253 • Die Klippen von *Rosh haNikra* zwischen dem Grün von Galilea und dem Blau des Mittelmeeres.

254–255 • Über den breiten Strand von *Cäsarea* zieht sich der zum Teil noch gut befestigte römische Aquädukt.

256 • Einige Boote haben einen guten, sonnenbeschienenen Anlegeplatz in der Stille einer Bucht gefunden.

257 • Das Wasser eines Flusses ergießt sich ins Meer. Dabei bildet sich ein Gewirr an Formen und Farben im Sandbett der Mündung.

Heller Sand, einige Sträucher und das Wasser des Meeres an einem noch unverschmutzten Teil der israelischen Küste.

• Unweit von *Cäsarea*: Sdot Yam, einer der ersten israelischen Kibbuze an der gleichnamigen Küste mit durchscheinendem Wasser.

262 • Im Norden Israels:
Ein kleiner Wasserfall am Fluss
Ayoun endet in einem Brunnen.

262–263 • An der Grenze zum Libanon,
in Banyas, entspringt der Jordan. Nach
einigen Kilometern erreichen seine
Wasser den See Genezareth.

Der Chula-See im Norden Galiläas ist ein Naturschutzgebiet. Viele Vogelarten rasten hier auf ihren Migrationsflügen.

266–267 • Ausgrabungsstätten am See Genezareth, in Kapernaum, einer antiken Fischersiedlung, in der Jesus lebte. Sichtbar ist eine große Abdeckung, unter der das Haus des Apostels Petrus erhalten ist.

267 • Um den See Genezareth befinden sich viele Kultorte; unter ihnen auch eine orthodoxe Kirche mit purpurfarbener Kuppel.

268 • Weit entfernt von der Trockenheit der Wüste Negev: Der See in Galiläa bietet all das zur Bestellung der Felder nötige Wasser.

269 • Das blaue Band des Jordan-Flusses erreicht nach einigen Dutzend Kilometern endlich die Wasser des Sees Tiberias.

270 • Die bebaute Landschaft rings um den See wirkt wie ein vielfarbiges Schachbrett. Das Profil der Stadt Tiberias am Wasser des Sees Genezareth.

271 • An der Küste im Hintergrund erheben sich die Orte Kapernaum und Betsaida, in denen Jesus predigte.

272–273 • Der See Genezareth ist ein natürliches Heiligtum. Im Verlauf der Jahrhunderte wurde wenig in seiner Nähe gebaut, so dass er heute ähnlich wie zu Zeiten Jesu wirkt.

Das im Überfluss zur Verfügung stehende Wasser und der Fleiß des Menschen machen das Territorium in der Nähe des Sees zu einem der fruchtbarsten und ertragreichsten des gesamten Heiligen Landes.

276–277 • Ohne den Fluss Jordan, der es durchzieht, wäre das gleichnamige Tal weitaus weniger fruchtbar.

278–279 • In der Nähe des Toten Meeres liegt die bergige Gegend von Sodom, nach biblischer Überlieferung die Stadt, die wegen der Sünden ihrer Bewohner von Gott zerstört wurde.

280–281 • In der Region der ehemaligen Stadt Sodom: Im Roten Meer spiegeln sich die Farben des Himmels, die Wolken und die Felswüste.

282–283 • *Ein Bokek* ist ein berühmtes Touristenziel an der israelischen Küste des Toten Meeres: Sonnenschirme und Liegestühle stehen für Entspannung suchende Badegäste bereit.

284–285 • An den Ufern des Toten Meeres formt das verdampfende Wasser Inselgruppen aus Salzkonkretionen.

285 • Ein erstaunlicher Farbgegensatz: Ein Salzwasserkanal durchzieht ein Gebiet ohne Vegetation.

286 • In seiner mittleren Ausdehnung ist das Tote Meer eine Abfolge geordneter Wasserspiegel, die von langen parallelen Dämmen getrennt werden.

287 • Das erdige Braun des Felsens, das Grau des Asphalts, das Weiß der Wellen und das Grün des Salzwassers bilden eine bestechenden Abfolge von Farben.

288–289 • An diesem Küstenabschnitt des Toten Meeres führt das reiche Vorhandensein von mineralischen Kristallen zu einem ungewöhnlichen Flecken-Effekt.

Segelboote und Handelsschiffe im Golf von Aqaba am Roten Meer, dem zu Israel und Jordanien gehörenden Touristenparadies.

292 • Das Unterwasser-Observatorium von Eilat hat die Form eines Raumschiffs. Es erlaubt auch den weniger geübten Tauchern, die Schönheit des Roten Meeres zu genießen.

292–293 • Bei einem Besuch im Unterwasser-Zentrum ist es nach dem Überqueren eines Laufstegs aus Holz möglich, mit einem Unterseeboot Fische und farbige Korallen zu bewundern.

294 • Ein Blick aus dem Fenster des Unterwasser-Observatoriums von Eilat reicht, um die tropische Meeresfauna ganz nah zu sehen.

295 • Clownfische schwimmen ruhig in der Nähe einer Meeresanemone.

296 • Zwei Delfine, eine Mutter und ihr Junges, werden an der Meeresoberfläche vom Licht eines Sonnenstrahls beleuchtet.

297 • Ein Taucher beobachtet, wie ein dichter Schwarm von Kupfer-Beilbauchfischen zwei stolze Pazifische Rotfeuerfische einhüllt.

Unweit der ägyptischen Küste des Sinai am Roten Meer liegt Coral Island. Auf der Insel erhebt sich eine mittelalterlichen Festung.

Die WÜSTE der PROFETEN

• Dieser riesige Pilz aus Stein ist eine der Naturschönheiten im *Timna*-Nationalpark in der Wüste Negev in Israel.

EINFÜHRUNG Die Wüste der Propheten

SIE IST SO WICHTIG WIE WASSER UND LUFT: OHNE SIE WÄRE DAS HEILIGE LAND KAUM VORSTELLBAR. IHR WERT GLEICHT DEM VON SALZ, OHNE SIE WÜRDE DAS HEILIGE LAND VIEL VON SEINER FASZINATION EINBÜSSEN. GEPRÄGT WIRD SIE DURCH STILLE UND WIND, DEN WEITEN HORIZONT UND DURCH IHR MYSTERIUM. DIE WÜSTE IST EINE MAGISCHE LANDSCHAFT MIT EINEN LANGEN VERGANGENHEIT VOLLER GSCHICHTLICHER UND RELIGIÖSER EREIGNISSE. HIERVON ABGESEHEN IST SIE BIS HEUTE EIN WEITGEHEND UNVERSCHMUTZTES NATURPARADIES GEBLIEBEN.

IN DER WÜSTE FINDEN SICH DIE URSPRÜNGE DES VOLKES ISRAELS. DAS ZEIGT DIE MODERNE STADT BE'ER SCHEVA AM RAND DER NEGEV-WÜSTE. HIER ZOG VOR 4000 JAHREN DIE KARAWANE DES ISRAELISCHEN STAMMVATERS ABRAHAM

● In der Nähe von Betlehem erhebt sich am Hang eines tiefen und wenig gastfreundlichen *wadi* das alte Mar-Saba-Kloster.

EINFÜHRUNG Die Wüste der Propheten

VORBEI, GELEITET VON DER VERHEISSUNG EINER UNZÄHLIGEN NACHKOMMENSCHAFT. IN DER WÜSTE SINAI UND AUF DER HOCHEBENE JORDANIENS FÜHRTE MOSES NACH DER FLUCHT AUS ÄGYPTEN ÜBER 40 JAHRE LANG SEIN VOLK. VON JEHER SIND DIE WÜSTEN DES HEILIGEN LANDES BEVORZUGTER RÜCKZUGSORT VON ASKETEN UND EREMITEN: UMGEBEN VON KAHLEN GEBIRGSHÄNGEN, OBERHALB DER OASE VON JERICHO UND NAHE DER JUDA-WÜSTE ERHEBT SICH DAS QUARANTANA-KLOSTER. ES WURDE DORT ERBAUT, WO JESUS NACH DER TAUFE VOM HEILIGEN GEIST BETETE. DIE SCHLUCHTEN DES WADI KELT AN DER STRASSE VON JERUSALEM NACH JERICHO BOTEN IN IHREN GROTTEN ÜBER JAHRHUNDERTE CHRISTLICHEN MÖNCHEN EINE ZUFLUCHT. NOCH HEUTE KANN MAN IM WADI TROTZ ISLAMISIERUNG UND UNRUHIGER GESCHICHTE DAS ORTHODOXE KLOSTER

EINFÜHRUNG Die Wüste der Propheten

DES HEILIGEN GEORG VON KOZIBA BESICHTIGEN. NAHE BETLEHEM ERHEBT SICH DAS KLOSTER MAR SABA, DAS BIS ZU 4000 GLÄUBIGEN PLATZ BOT. AM FUSSE DES BERGES SINAI LIEGT DAS ÄLTESTE NOCH EXISTIERENDE CHRISTLICHE KLOSTER, GEWIDMET DER HEILIGEN KATHARINA. IM 4. JAHRHUNDERT N. CHR. WURDE ES AN DEM ORT ERRICHTET, AN WELCHEM GOTT AUS EINEM BRENNENDEN DORNBUSCH ZU MOSES GESPROCHEN HABEN SOLL.

DIE WÜSTE MACHT STILLE UND UNBEWEGLICHKEIT SO ERFAHRBAR, DASS IHRE BESUCHER SICH EINEN SCHRITT VON DER EWIGKEIT ENTFERNT FÜHLEN. VON EINEM SONNENAUFGANG ZUM NÄCHSTEN SCHEINT SICH NICHTS ZU VERÄNDERN. IN DIESER UNENDLICHEN STARRE ÜBERSTEHEN DIE SPUREN DER GESCHICHTE DIE JAHRTAUSENDE UNVERSEHRT. SO ERGING ES DEN 30 000 WANDMALEREIEN DES

Die Wüste der Propheten

Einführung

WADI RUM, DIE VOR 8000 JAHREN ENTSTANDEN SIND UND AN DIE ZEIT ERINNERN, IN DER DIE JORDANISCHE WÜSTE BEWOHNT UND FRUCHTBAR WAR. ODER SO WIE IN QUMRAN, IN DEN UNZUGÄNGLICHEN GROTTEN AM UFER DES TOTEN MEERES. HIER ENTDECKTE MITTE LETZTEN JAHRHUNDERTS EIN HIRTE ZUFÄLLIG IN EINER HÖHLE EINIGE AMPHOREN AUS DER ZEIT CHRISTI. DARIN BEFANDEN SICH SCHRIFTROLLEN DER BIBEL VON UNSCHÄTZBAREM WERT.

ABER DIE WÜSTE DES HEILIGEN LANDES STEHT VOR ALLEM FÜR UNBERÜHRTE NATUR UND UNBEGRENZTE WEITEN. DER RIESIGE KRATER IN DER NÄHE DER STADT MITZPE RAMON IM NEGEV-NATIONALPARK IN ISRAEL IST EINES DER GEOLOGISCHEN WUNDER DES PLANETEN.

Das zwischen Felsen angelegte Petra in Jordanien zeigt sich in seiner ganzen Pracht – wie eine sich aus einem Sandmeer erhebende Klippe.

Sehr nüchtern ist die Landschaft der Wüste Juda im Ostjordanland: trockene Hügel soweit das Auge reicht, allein belebt durch kleine Sträucher.

Auf einem schwer zu erklimmenden Felsen über Jericho trotzt das Kloster Quarantana der Zeit. Es entstand an dem Ort, an dem Jesus nach vierzigtägigem Fasten vom Teufel in Versuchung geführt wurde.

312 • In den berühmten Grotten von Qumran fand ein Schäfer vor wenigen Jahrzehnten zufällig in einigen Amphoren alte Papyrusrollen mit Bibeltexten.

312–313 • Wie jüngste Ausgrabungen gezeigt haben, war Qumran im 1. Jahrhundert n. Chr. eine blühende Ansiedlung der Essener, einer jüdischen Sekte mit asketischem Lebensstil.

Das Felsengebiet, in dem sich die Grotten von Qumran befinden, wirkt wie eine von eindrucks-vollen Strebepfeilern gestützte Festung.

Noch immer wird das orthodoxe Kloster des heiligen Georg von Koziba von Mönchen bewohnt. Es befindet sich im unzugänglichen *Wadi Kelt*, oberhalb der Stadt Jericho.

318–319 • In diesem lebensfeindlichen Bergkomplex der Negev-Wüste überlagern sich verschiedene Gesteinsformationen.

319 • Kleine Büsche, die auch ohne Wasser überleben können, sind die einzige pflanzliche Lebensform, die der Trockenheit der Wüste widersteht.

Sträucher, kleine Kanäle mit sandigem Wasser und Inseln aus trockener, brauner Erde tragen mit ihren Farben und Formen zur optischen Vielfalt der Wüste bei.

Der riesige Krater in der Nähe der Stadt Mitzpe Ramon gehört zu den geologischen Wundern Israels.

Ein junger Nubischer Steinbock überwacht von einem schwer erreichbaren, natürlichen Balkon aus den unendlichen Talkessel von *Makhtesh Ramon*.

Vor hunderten Millionen Jahren bedeckte ein Ozean dieses Gebiet. Der Rückzug der Wassermassen führte zur Bildung des 40 Kilometer langen und bis zu 10 Kilometer breiten Kraters von *Ramon*.

328 • Trotz der unerträglichen Hitze im Negev überrascht am Boden des Canyon *Ein Avdat* dank des Wassers eine üppige Flora.

329 • Im Nationalpark *Ein Avdat*: Das Wasser kleinerer und größerer Kaskaden strömt in Felsbecken.

Diese riesigen Felsformationen im *Timna*-Nationalpark wurden über Jahrtausende von Wasser und Wind bearbeitet. Bekannt sind sie als die »Säulen des König Salomon«.

In *Timna* hat nicht die Hand des Menschen, sondern die Kraft der Natur diese Pyramide aus Stein geschaffen. Dabei wurden sich überlagernde geologische Schichten gleich stark abgetragen.

Den riesigen Bogen aus Stein ließen die Naturgewalten geduldig über Jahrtausende entstehen. Er ist eine der Besonderheiten, die den Besucher in *Timna* erwartet.

336–337 • Die Berge aus Sandstein im Nationalpark *Wadi Rum* in Jordanien erhoben sich vor 30 Millionen Jahren infolge der Bewegungen, die die Verwerfung des Großen Grabenbruchs schufen.

337 • In der Stille der Wüste hat die Natur in Jahrtausenden fantasievoller Arbeit dem Stein ungewöhnliche Formen gegeben.

338–339 • Thomas Edward Lawrence, bekannt auch als »Lawrence von Arabien«, liebte das *Wadi Rum* so, dass er es als »weit, hallend und einer Gottheit ähnlich« beschrieb.

340–341 • Eine Wüste aus Stein und Sand: die Festigkeit der Sandstein-Felsen steht im Gegensatz zu den instabilen Formen des Sandes. In dieser doppelten Natur liegt auch der Reiz des *Wadi Rum*.

Ein Gewebe aus tausenden Sicht-Öff-nungen, zweibogigen Fenstern, Gewölben und Bögen scheint sich auf der Oberfläche dieses Sandstein-blockes zu finden.

344 • Mehr als 400 Meter hohe Wände, die in der Stille der Wüste zu bezwingen sind: Damit ist das *Wadi Rum* ein Paradies für Bergsteiger.

345 • Sonne und Wind zeichnen kleine Wellen in ein Meer aus feinem roten Sand, aus dem nur ein kleiner Strauch hervorschaut.

Männer auf der Jagd und Steinböcke zeigt eine der mehr als 30 000 Felszeichnungen, die auf den Wänden aus weichem Sandstein im *Wadi Rum* erhalten blieben.

348–349 • Tausende Touristen besichtigen jedes Jahr das *Wadi Rum*. Oft verbringen sie zumindest eine Nacht in der Wüste, in Zeltlagern wie in diesem.

349 • Unweit des *Wadi Rum* werden mit dem Zug wertvolle Phosphat-Ladungen zum Hafen von Aqaba transportiert, die für den Export bestimmt sind.

350–351 • In der Nähe der Nabatäer-Stadt Petra in Jordanien: ein Haus in einem Vorgebirge der Wüste.

352–353 • Mit hoher Wahrscheinlichkeit waren die in Felswände gehauenen Grotten bei Petra für Begräbnisse vorgesehen.

Nicht weit entfernt vom Katharinenkloster auf dem Sinai erhebt sich das Mausoleum des Weisen *Nabi Saleh*, den viele Moslems verehren.

356 • In einer Mauer aus großen, weißen Steinblöcken öffnet sich die Eingangstür des Katharinenklosters. Es ist möglichweise das älteste der Christenheit.

357 • Das Kloster wurde im 4. Jahrhundert n. Chr. dort erbaut, wo nach biblischer Überlieferung Moses vom göttlichen Zeichen des brennenden Dornbuschs überrascht wurde.

358 • Bei trockener Hitze findet man im Kloster etwas Kühlung.

359 • Noch heute lebt im Kloster der heiligen Katharina eine große religiöse Gemeinde, verschiedene Gebäude im Innern der Mauern sind für sie vorgesehen.

360–361 • Gleichsam in den Gipfeln des Sinai befindet sich das sogenannte »Amphiteather der 70 Weisen«, in dem die Männer Israels auf das Ende des Dialogs zwischen Moses und Gott warteten.

361 • Ein einsamer Strauch auf einer Wasserwanne des »Amphitheaters der 70 Weisen«.

362 • Um das Heiligtum auf dem Sinai zu erreichen, sind einige Stunden Fußmarsch nötig. Ein Teil der Strecke besteht aus in den Fels gehauenen Stufen.

363 • Die Apsis einer griechisch-orthodoxen Kapelle auf der Spitze des Berges Sinai. Hier beherrscht sie die Weiten der Landschaft.

364–365 • Bei Sonnenuntergang färbt das letzte Licht die Höhen eines kargen Sinai-Ausläufers.

Städte zwischen GESCHICHTE und GEGENWART

Im Norden des alten Hafens von Jaffa erheben sich, soweit das Auge reicht, die Hochhäuser Tel Avivs.

EINFÜHRUNG Städte zwischen Geschichte und Gegenwart

WER DAS HEILIGE LAND ENTDECKEN MÖCHTE, MUSS ZEIT EINPLANEN, UM SEINE STÄDTE ZU BESICHTIGEN. EINIGE CHARAKTERISTIKA VERBINDEN SIE ALLE: VERKEHRS-STAUS, DIE LEBENDIGKEIT IN DEN SUQS UND DIE ENTGEGEN-KOMMENDE ART DER MENSCHEN. DENNOCH IST JEDE EIN-ZIGARTIG. DAMASKUS UND AMMAN SIND DIE ZWEI GROSSEN ARABISCHEN HAUPTSTÄDTE IM NAHEN OSTEN. DAMASKUS IST DIE STADT, IN DER PAULUS ZUM CHRISTENTUM KONVER-TIERTE. EINE ALTSTADTBESICHTIGUNG MIT DER OMAIJADEN-MOSCHEE UND DEN RESTEN DER RÖMISCHEN STRASSEN GLEICHT EINER ZEITREISE. UM DAS HISTORISCHE ZENTRUM IST MIT DER ZEIT EINE METROPOLE GEWACHSEN; EIN BLICK AUF IHRE SILHOUETTE BEI SONNENUNTERGANG VON JEBEL

369 • Die Strände Tel Avivs sind ein traditionelles Urlaubsziel vieler Israelis.

374–375 • Die Festung *Akkon*, die sich erst in der Hand der Kreuzfahrer und dann der Moslems befand, steht unter dem Schutz der UNESCO.

QASYUN, EINER SIE ÜBERRAGENDEN ANHÖHE, OFFENBART IHRE FACETTENREICHE SCHÖNHEIT. AMMAN HINGEGEN WAR BIS ENDE DES 9. JAHRHUNDERTS NUR EIN KLEINES FELSENDORF IN DER NÄHE ANTIKER RUINEN. ALS DIE BAHNLINIE DAMASKUS–MEDINA ENTSTAND, UM DAS PILGERN NACH MEKKA ZU ERLEICHTERN, LAG AMMAN AN DER STRECKE. ZUM GLÜCK DER STADT, DIE SEITDEM WUCHS UND SICH ALLMÄHLICH ÜBER DIE HÄNGE VON 14 UMLIEGENDEN HÜGELN AUSBREITETE. HEUTE IST SIE DIE MODERNE HAUPTSTADT DES HASCHIMIDENREICHES JORDANIEN UND WIRD VON FAST DER HÄLFTE DER LANDESBEVÖLKERUNG BEWOHNT.

BETLEHEM UND NAZARETH SIND STÄDTE MIT CHRISTLICHER TRADITION. IN DER ERSTEN – GELEGEN AUF PALÄSTINENSISCHEM GEBIET – WURDE JESUS GEBOREN. DER KULTORT, DER AN SEINE GEBURT ERINNERT, IST DIE ÄLTESTE BASILIKA

EINFÜHRUNG Städte zwischen Geschichte und Gegenwart

IM HEILIGEN LAND, HEUTE ZIEL VON MILLIONEN PILGERN. IN NAZARETH AUF ISRAELISCHEM GEBIET LEBTE JESUS 30 JAHRE LANG. DORT VEREHRT MAN DIE GROTTE, DIE DER ÜBERLIEFERUNG NACH DER WOHNORT MARIAS WAR. NAZARETH WUCHS AUFGRUND DER PILGERSTRÖME UND ZIEHT SEINEN VORTEIL AUS EINER HERVORRAGENDEN LAGE UNWEIT DES SEES GENEZARETH.

ÄHNLICH UND DOCH VERSCHIEDEN SIND DIE DREI GROSSSTÄDTE AN DER OSTKÜSTE DES MITTELMEERES: BEIRUT, TEL AVIV UND GAZA. BEIRUT IST DIE ARABISCHE HAUPTSTADT DER WIRTSCHAFT UND FINANZEN: HIER BEFINDEN SICH DIE WICHTIGSTEN BANKEN, UND FÜR DIE ARABISCHE ELITE IST SIE EIN SHOPPING- UND FERIENPARADIES. OBGLEICH IHRE GRÜNDUNG WEIT ZURÜCKLIEGT, LIEGT IHR ZAUBER IN JÜNGSTER VERGANGENHEIT: IN DEN VIERZIGER JAHREN WIRD BEIRUT

Städte zwischen Geschichte und Gegenwart

Einführung

DIE HAUPTSTADT DES MODERNEN, MULTIRELIGIÖSEN LIBANONS, IN DEM CHRISTEN UND MOSLEMS LEBEN. IN DEN SECHZIGER JAHREN GILT SIE ALS DAS »PARIS DES MITTLEREN OSTENS«. VON 1975 BIS 1990 WIRD SIE SEHR STARK ZERSTÖRT DURCH DEN AUS EINER ARABISCH-ISRAELISCHEN KRISE RESULTIERENDEN BÜRGERKRIEG. BEEINDRUCKENDE WIEDERAUFBAUARBEITEN HABEN IHR DIE SCHÖNHEIT DER VORKRIEGSPHASE ZURÜCKGEGEBEN. DOCH HINTERLÄSST SIE NICHT NUR EINEN POSITIVEN EINDRUCK: DAS ZENTRUM IST MODERN UND TECHNISIERT, WÄHREND SICH IN DER PERIPHERIE NOCH CAMPS GEFLOHENER PALÄSTINENSER BEFINDEN. DIE JUNGE STADT TEL AVIV FEIERTE VOR EINIGER ZEIT DAS ERSTE JAHRHUNDERT IHRES BESTEHENS. SIE WIRD VON DER UNESCO AUFGRUND IHRER ARCHITEKTUR IM BAUHAUS-STIL ALS TEIL DES WELTKULTURERBES ANERKANNT.

Städte zwischen Geschichte und Gegenwart

Einführung

ALS FINANZIELLES HERZ ISRAELS IST SIE DER LAIZISTISCHE MOTOR DES STAATES, WÄHREND JERUSALEM DIE RELIGIÖSE HAUPTSTADT IST. TEL AVIV STEHT, WAS KUNST, MUSIK UND UNTERHALTUNG BETRIFFT, NEW YORK KAUM NACH. SEIN FLUGHAFEN ZÄHLT ZEHN MILLIONEN REISENDE IM JAHR. GAZA SCHLIESSLICH IST DIE BEVÖLKERUNGSREICHSTE STADT AUF PALÄSTINENSISCHEM GEBIET; TROTZ SEINER GÜNSTIGEN HANDELSLAGE HAT ES NICHT DEN REICHTUM, DEN BEIRUT ODER TEL AVIV VORWEISEN KÖNNEN, DA SEINE GRENZEN GESCHLOSSEN SIND.

DAS PARADIES FÜR DENJENIGEN, DER DAS MEER LIEBT UND GERN TAUCHT, IST EILAT – DIE ISRAELISCHE STADT DER VERGNÜGUNGEN. SIE LIEGT AM ROTEN MEER UND WAR DEM JÜDISCHEN VOLK IMMER WICHTIG, FINDET SIE DOCH SOGAR IN DER BIBEL IM 2. BUCH MOSE ERWÄHNUNG.

376 ● Der Hafen von Akkon ist heute Anlaufpunkt von Segelbooten und Fähren, früher kamen hier die Schiffe der Kreuzfahrer aus Europa an.

377 ● Eine starke Mauer aus der Zeit der Osmanen schützt die Altstadt Akkons vor den Fluten.

378 • Die Krypta des heiligen Johannes in der Altstadt von Akkon befindet sich an einem schon im Mittelalter religiösen Zwecken vorbehaltenem Ort.

378–379 • Die im Innern der osmanischen Mauern erbaute, kleine weiße Moschee von *El-Jazzar* ist eines der bedeutendsten Bauwerke in der Altstadt Akkons.

380 • Mit einer kreisförmigen Dekoration aus verschiedenfarbigem Marmor ist die Eingangstür der weißen Mosche von Akkon versehen.

381 • Ein großer Leuchter erhellt das Innere der Moschee. Hinten befindet sich der *mihrab*, die Nische, von der aus der Imam das Gebet leitet.

382–383 • Atemberaubend ist der Blick auf die Stadt Haifa von den prächtigen Hängenden Gärten des *Bahai*-Tempels aus.

Zwei moderne Wolkenkratzer mit der gesamten Stadt Haifa zu Füßen scheinen dem bis zum Horizont reichenden Mittelmeer zugewandt.

386 • Haifa ist mit seinem Handelshafen und dem Verwaltungsviertel eines der wichtigsten Zentren der israelische Wirtschaft.

387 • Der sogenannte *»Sail Tower«*, ein moderner Wolkenkratzer mit der Form eines Segels, gehört zu den Meisterwerken zeitgenössischer Architektur in Haifa.

Die heute blühende Stadt Nazareth breitete sich um ihren religiösen Mittelpunkt, die Verkündigungsbasilika, aus.

390 • Die Grotte, um die die große Kirche von Nazareth erbaut wurde, gilt als die Zuflucht der Familie von Maria.

391 • Händler ordnen ihre Ware mitten auf einer Marktstraße im Zentrum von Nazareth.

392 • Nach christlicher Überlieferung verkündete der Erzengel Gabriel Maria in dieser Grotte die Geburt Jesu.

393 • Der obere Teil der Verkündigungsbasilika lädt die Gläubigen ein, den Blick in Richtung Himmel zu erheben.

394 • Zu Ehren Marias schenkte die Ukraine dieses Mosaik. Es befindet sich mit vielen anderen im Hof der Basilika in Nazareth.

395 • Der von Engeln und Heiligen umgebene Christus Pantokrator schmückt das vergoldete Gewölbe der griechisch-orthodoxen St. Gabriel-Kirche in Nazareth.

396–397 • Die heute stille, touristische Stadt Tiberias an den Ufern des Sees Genezareth war zu Zeiten Jesu ein wichtiger römischer Hafen.

ΙΣ
ΧΣ

398–399 • Einige Badende gönnen sich einen ruhigen Moment am Strand von Jaffa, gegenüber dem alten Hafen der Stadt.

399 • Jaffas Ruhm reicht bis in die Antike: hier sollen die Zedern aus dem Libanon eingetroffen sein, die zum Bau des Tempels Salomons nötig waren.

An den Molen des Hafens von Jaffa kamen im Mittelalter christliche Pilger an, häufig mit Schiffen aus Venedig.

402 ● Die Altstadt von Jaffa erinnert mit ihren engen, gepflasterten Straßen an die Zentren mancher italienischer Städte.

402–403 ● In Tel Aviv bildet ein alter Gesteinsbogen den Rahmen für eine Tür mit Goldkreuz.

10
IC XC
NI KA

404–405 • Große Strände und luxuriöse Hotels: die Strandpromenade von Tel Aviv ähnelt der vieler anderer westlicher Badeorte.

406–407 • Yachten und Boote haben in einem Privathafen angelegt, der Strand gibt den Blick auf das Zentrum einer israelischen Metropole frei.

CARLTON

Im Zentrum von Tel Aviv stößt man auf Gebäude im Bauhaus-Stil. Ihnen ist es zu verdanken, dass die Stadt von der UNESCO zu Weltkulturerbestätte erklärt wurde.

410 • Wie ein breiter Fluss durchschneidet diese arteriengleiche, mehrspurige Straße die Ansammlung von Häusern und Wolkenkratzern in der Metropole.

411 • Große moderne Türme erheben sich unvermittelt im zentralen Wohnviertel von Tel Aviv.

מגדל
לוינשטיין

412 • Der erste Sonnenschein des Morgens beleuchtet die oberen Geschosse der imposanten Gebäude Tel Avivs und das verschwommene Blau des Mittelmeeres im Hintergrund.

413 • An eine Muschel erinnert die moderne Hechal *Yehuda-Synagoge*, die in Tel Aviv mit der finanziellen Unterstützung der Famile Recanati erbaut wurde.

414 • Eine fast psychedelisch anmutende Nachtlandschaft mit gelben, blauen und violetten Lichtern erscheint beim Verlassen eines Straßentunnels der Metropole.

415 • Die Lichter der Stadt erhellen das Sheraton unweit des Strandes von Tel Aviv. Im Hintergrund eine Vielzahl beleuchteter Wolkenkratzer.

Sheraton Tel Aviv

416 • Ein Ort des Friedens ist der Kreuzgang des Franziskanerklosters, dem die Pflege der Geburtskirche in Betlehem anvertraut ist.

417 • In dieser weihnachtlichen Aufnahme ist Betlehem mit Schnee bedeckt: möglicherweise sah es in der Nacht, in der Jesus vor 2000 Jahren geboren wurde, ähnlich aus.

418 • Das mehr als 50 Meter lange Mittelschiff der Geburtskirche in Betlehem präsentiert sich seit Jahrhunderten unverändert.

419 • Der Hauptaltar ist mit Lampen und Leuchtern, Silber und Ikonen im Stil und in der Tradition der Ostkirche geschmückt.

420 • Unter dem Hauptschiff befindet sich die Geburtsgrotte, zu der es Ströme von Gläubigen und Besuchern zieht.

421 • Genau der Ort, den ein Stern aus Silber anzeigt, ist für die Christenheit der Geburt Jesu.

HIC DE VIRGINE MARIA IESUS CHRISTUS NATUS EST

In der Geburtsgrotte werden häufig Feiern zelebriert, dabei folgt man den vielen Riten der Ostkirche.

Vor der natürlichen Grenze des Jordans: Zu Füßen des weiten Vorgebirges der Juda-Wüste grünt die Oase von Jericho.

Jericho ist nicht nur eine der bedeutendsten palästinensischen Städte, sondern auch im gesamten Nahen Osten für die hier angebauten Datteln, Zitrus- und andere Früchte bekannt.

428 • Zwei Frauen an der alten Ikonostase bewundern die Fresken des Klosters von *Quarantana*.

428–429 • Dieses an der Seite des Berghangs fast versteckte Kloster liegt wenige Kilometer von Jericho entfernt und ist gut erreichbar.

Das Mausoleum von *Yasser Arafat*, dem 2004 gestorbenen Palästinenserführer, befindet sich in der Festungsanlage Muqata in Ramallah im Ostjordanland.

432 • Die palästinensische Stadt Nablus liegt in einer an Olivenhainen reichen Landschaft.

432–433 • Ein riesiger Leuchter und die Ikonostase ziehen im Kloster des »*Jakobsbrunnens*«, wo Jesus die Samariterin traf, die Aufmerksamkeit auf sich.

434–435 • Die große muslimische Anlage des »Grabes der Patriarchen« in Hebron ist auch für Juden und Christen ein wichtiger religiöser Ort.

435 • Zwölf farbige Fenster schmücken das Gewölbe der islamischen Moschee *Al-Haram al-Ibrahimi*, die auch als das »Grab der Patriarchen« bekannt ist.

436 • Das Technological College von *Be'er Scheva*, der israelischen Stadt im Negev, hat die ungewöhnliche Form eines umgestülpten Zylinders aus Glas und Metall.

437 • *Be'er Scheva* konnte in den letzten 60 Jahren einen großen Entwicklungsfortschritt vollziehen. Dafür setzte man auch auf avantgardistische architektonische Projekte.

• Die israelische Stadt Eilat und das nicht weit davon entfernte, in Jordanien liegende Aqaba wuchsen aufgrund der Beliebtheit des Roten Meeres bei Touristen.

Das VERSPROCHENE LAND

Nahalan, eine der ersten jüdischen Ansiedlungen aus dem letzten Jahrhundert, bestricht im ländlichen Gebiet Galiläas mit seinem Grün.

DAS VERSPROCHENE LAND Einführung

DIE VÖLKER DES VORDEREN ORIENTS SIND BESEELT VON DEM WUNSCH NACH EINEM LAND, IN DEM DIE NATUR GENÜGEND NAHRUNG FÜR ALLE LIEFERT, INDEM ALSO ›MILCH UND HONIG‹ FLIESSEN. DENN SEIT DER ZEIT ABRAHAMS IST DIE IDENTITÄT DER BEWOHNER VOM BEARBEITEN DER ERDE GEPRÄGT: ES IST GOTT PERSÖNLICH, DER IM BUCH DER GENESIS DIE FRÜCHTE DES ANBAUS EINEM VERÄNGSTIGTEN MOSES VERSPRICHT, DEN ER AUF DEM BERG SINAI ÜBERRASCHT, WÄHREND ER DIE HERDE SEINES SCHWIEGERVATERS JITRO BEWACHT. DAVID IST EIN HIRTE, ALS ER NAHE BETLEHEM DER GESALBTE ISRAELS WIRD, UND DESWEGEN WÄHLT IHN GOTT. UND IM NEUEN TESTAMENT BERICHTET JESUS, DASS GOTTVATER WIE EIN

● Die Form dieses Waldes erinnert an den ausgreifenden Schritt eines Läufers. Begrenzt wird er durch die Felder des israelischen Hinterlandes.

DAS VERSPROCHENE LAND Einführung

»SÄENDER« SEI, DER DES SÄENS NIEMALS MÜDE WERDE, UND WIE EIN »GUTER HIRT«, DER NIE DAS LETZTE SEINER SCHAFE VERGISST

OBWOHL HEUTE DER GROSSTEIL DER BEVÖLKERUNG IN DER INDUSTRIE UND IM DIENSTLEISTUNGSSEKTOR ARBEITET, SIND IM VORDEREN ORIENT WEIDE- UND LANDWIRTSCHAFT NOCH WEIT VERBREITET. WANDERSCHÄFEREI WIRD IN SYRIEN, IM IRAK UND JORDANIEN PRAKTIZIERT, WO ALS NOMADEN LEBENDE HIRTEN SCHAFHERDEN AUF WEGEN FÜHREN, DIE SEIT JAHRHUNDERTEN DAFÜR GENUTZT WERDEN. VOR DEM KONFLIKT ZWISCHEN ISRAEL UND PALÄSTINA WANDERTEN DIE SCHAFHERDEN AUCH IM HEILIGEN LAND: IM SOMMER WEIDETEN SIE AUF DEN HÜGELN DES WESTJORDANLANDES UND ZOGEN IM WINTER IN RICHTUNG JORDAN-TAL. DESHALB IST ES KEIN ZUFALL, DASS IN EINEM

DAS VERSPROCHENE LAND Einführung

WINTER VOR ZWEITAUSEND JAHREN DIE GEBURT JESU HIRTEN OFFENBART WIRD.

DAS BLAUE NASS IST FÜR DIE BEWÄSSERUNG IM HEILIGEN LAND WICHTIGER ALS DAS ERDÖL FÜR DEN EXPORT. FLÜSSE UND WASSERBECKEN MÜSSEN STÄNDIG DURCH REGEN AUFGEFÜLLT WERDEN, DER JEDOCH NICHT IMMER AUSREICHEND FÄLLT. DAS BIOLOGISCHE GLEICHGEWICHT DES JORDAN DROHT DURCH ÜBERMÄSSIGE NUTZUNG VÖLLIG ZU KIPPEN. WO AUSREICHEND WASSER ZUR VERFÜGUNG STEHT, SIND DIE FRÜCHTE DES HEILIGEN LANDES NICHT GERINGER ALS DIE, DIE MOSES VERSPROCHEN WURDEN. AN DEN UFERN DER GROSSEN FLÜSSE (NIL, EUPHRAT, JORDAN) WIRKEN AUSGEDEHNTE ANBAUFLÄCHEN WIE FARBIGE MOSAIKEN, DEREN SCHATTIERUNGEN ZWISCHEN GRÜN UND BRAUN EINEN GEGENSATZ ZUM INTENSIVEN OCKER

Das versprochene Land

Einführung

DER WÜSTE BILDEN. DATTELPALMEN, OLIVENBÄUME, PAMPELMUSEN- UND ANDERE ZITRUSPFLANZEN WERDEN VON HIER IN DIE GESAMTE WELT EXPORTIERT UND SIND SOMIT DIE VISITENKARTE DER REGION.

IM HEILIGEN LAND GELANG ES DEM MENSCHEN AUFGRUND SPEZIELLER BEWÄSSERUNGSTECHNIKEN, TEILE DER WÜSTE ZU BEGRÜNEN. IM LETZTEN JAHRHUNDERT VERBREITETEN SICH IN ISRAEL DIE KIBBUZE, IN GEMEINSCHAFT LEBENDE KOLLEKTIVE, DIE AUCH IN TROCKENEN REGIONEN LANDWIRTSCHAFT BETREIBEN. UM DEN TRAUM DES JÜDISCHEN VOLKES VON FRUCHTBARKEIT ZU BEZEUGEN, WURDE DAVID BEN-GURION, DER ERSTE PRÄSIDENT DES STAATES ISRAEL, IM WÜSTEN-KIBBUZ SEDE BOKER BEGRABEN.

• Ein Olivenhain belebt mit seinem Grün und Braun das trockene Hügelgebiet Samarien, das sonst wenig fruchtbar ist.

Mit beschneiter Spitze und von Wäldern bedeckten Hängen erinnert der Berg *Hermon* an Landschaften, die typisch für Europa sind.

Die Golanhöhen im Gebiet Syriens, die Israel 1967 im Sechs-Tage-Krieg besetzte, sind vor allem der Weide vorbehalten.

In der Nähe Metullas, das von der Grenzlinie zum Libanon durchschnitten wird, erkennt man den vom Schnee weißen Berg *Hermon*.

454 • Die Hügellandschaft Galiläas mit ihren grünen Weiden und einigen Sträuchern stimmt den Betrachter ausgeglichen.

455 • In dieser Ebene, bei *Hattin*, schlug *Saladin* 1187 das Heer der Christen. Damit setzte er dem Kreuzfahrerreich von Jerusalem ein Ende.

456–457 • Auf dem Berg *Tabor*, wo sich eine große Basilika erhebt, soll Jesus einigen seiner Jünger in göttlicher Gestalt erschienen sein.

458–459 • Vom Berg *Hermon* an der Grenze zwischen Syrien und dem Libanon bietet sich ein weiter Ausblick.

460–461 • In der Nähe Akkons in Israel, inmitten einer Parkanlage, befindet sich ein bedeutender Sitz des *Bahai*-Glaubens.

462–463 • Das Jezreel-Tal im Süden *Galiläas* wird intensiv bewirtschaftet. Von oben besticht diese Landschaft aufgrund ihrer geometrisch wirkenden Gliederung.

464–465 • In diesem Tal eröffnet sich der Blick auf ein Patchwork mit einzigartigen Formen und Farben.

466 • In einer Palette natürlicher Farben der Erde, mit Keimlingen, Stängeln und Ähren in verschiedensten Schattierungen, präsentiert sich die Landschaft *Galiläas.*

467 • Aufgeworfene Schollen auf den Feldern der Höhen von *Issachar* erinnern mit ihren groben Linien an zeitgenössische Malerei.

Eine große Menge Heuballen auf einem gerade abgeernteten Feld wartet auf das Einfahren.

In einem israelischen Kibbuz färben tausende Mohnblüten ein zu mähendes Feld.

472 • Getreidefelder und Olivenbäume machen den Reichtum des *Jordan-Tals* aus.

473 • Das lebendige Gelb einer Wiese voller Rapsblüten steht im Kontrast zum vegetationslosen Hügel im Hintergrund.

474 • Der intensive Obstanbau in der Nähe von *Be'er Scheva* im Negev lässt das Gebiet wie ein Schachbrett wirken.

475 • Eine Reihe Zypressen markiert die Grenze zwischen zwei Feldern und schützt mit ihrem Schatten den angrenzenden Weg.

476–477 • Wie die Häuserblöcke einer Stadt sind diese nahe beieinander liegenden Felder durch ein dichtes Wegenetz getrennt.

478–479 • Wie die Häuserblöcke einer Stadt sind diese nahe beieinander liegenden Felder durch ein dichtes Wegenetz getrennt.

480–481 • Der Olivenanbau ist seit Jahrtausenden ein wichtiger Beitrag zum Lebensunterhalt für die Bewohner des Heiligen Landes.

482–483 • Trockenmauern aus Stein bilden die Begrenzung der Felder mit Olivenbäumen verschiedenen Alters.

Die runde Form dieses immensen Feldes in *Kohav* im Jordan-Tal ist dem Bewässerungssystem geschuldet.

Von den nahen Hügeln gewinnt man einen Gesamteindruck vom See Genezareth und dem fruchtbaren Umland.

488 • Die Abwesenheit von Vegetation lässt die spezielle Form der geologischen Schichten dieser kahlen Hügel nur umso besser hervortreten.

489 • Wie eine Kuppel wirkt der sich auf dem Land zwischen den Hügeln von Samarien erhebende *Erdberg/Tumulus* mit kreisrundem Umfang.

490–491 • Die Natur hat hier ein herrliches Mosaik aus grünen Bereichen, Brauntönen und ockerfarbigen Einsprengseln geschaffen.

492–493 • Unter den Steinen eines Hügelzuges in Samarien scheint die kleine Ansiedlung fast zu verschwinden.

494–495 • In Jordanien, in der Nähe der von den Römern angelegten Stadt *Umm Qais*: Frühlingsblumen und Mohn zeigen sich, sobald es wärmer wird.

H

I

J

K

BILDNACHWEIS

S. 1 Byzantine/Getty Images
S. 2-3 Itamar Grinberg/Archivio White Star
S. 4-5 Itamar Grinberg/Archivio White Star
S. 6-7 Itamar Grinberg/Archivio White Star
S. 9 Itamar Grinberg/Archvio White Star
S. 11 Marcello Bertinetti/Archivio White Star
S.12-13 Marcello Libra/Archivio White Star
S. 14-15 Marcello Libra/Archivio White Star
S. 17 Antonio Attini/Archivio White Star
S. 22-23 Eyal Bartow/Photolibrary.com
S. 24-25 Marcello Bertinetti/Archivio White Star
S. 27 Marcello Bertinetti/Archivio White Star
S. 29 Dallas and John Heaton/Photolibrary.com
S. 33 Marcello Bertinetti/Archivio White Star
S. 34-35 Itamar Grinberg
S. 36-37 Itamar Grinberg/Archivio White Star
S. 38-39 Marcello Bertinetti/Archivio White Star
S. 39 Antonio Attini/Archivio White Star
S. 40-41 Marcello Libra/Archivio White Star
S. 42-43 Marcello Libra/Archivio White Star
S. 44-45 Marcello Libra/Archivio White Star
S. 45 Marcello Bertinetti/Archivio White Star
S. 46-47 Gary Cralle/Getty Images
S. 48 Antonio Attini/Archivio White Star
S. 48-49 Antonio Attini/Archivio White Star
S. 50 Marcello Libra/Archivio White Star
S. 50-51 Marcello Libra/Archivio White Star
S. 52-53 Marcello Libra/Archivio White Star
S. 54-55 Marcello Bertinetti/Archivio White Star
S. 55 Marcello Bertinetti/Archivio White Star
S. 56-57 Marcello Libra/Archivio White Star
S. 58-59 Marcello Bertinetti/Archivio White Star
S. 59 Marcello Bertinetti/Archivio White Star
S. 60 Marcello Bertinetti/Archivio White Star
S. 61 Marcello Bertinetti/Archivio White Star
S. 62-63 Marcello Libra/Archivio White Star
S. 64 Marcello Bertinetti/Archivio White Star
S. 64-65 Marcello Bertinetti/Archivio White Star
S. 66-67 Marcello Bertinetti/Archivio White Star
S. 67 Marcello Bertinetti/Archivio White Star
S. 68-69 Marcello Libra/Archivio White Star
S. 69 Marcello Libra/Archivio White Star
S. 70 Marcello Bertinetti/Archivio White Star
S. 71 Michael DeFreitas/Photolibrary.com
S. 72-73 Russell Hoover/Getty Images
S. 74-75 Marcello Bertinetti/Archivio White Star
S. 76-77 Marcello Bertinetti/Archivio White Star
S. 78-79 Cesare Gerolimetto/Archivio White Star
S. 80 Tomer Jacobson/Getty Images
S. 81 S. Vannini/Archivio DeAgostini
S. 82 Antonio Attini/Archivio White Star
S. 83 Marcello Bertinetti/Archivio White Star
S. 84-85 Marcello Bertinetti/Archivio White Star
S. 86 Danita Delimont/Getty Images
S. 87 Marcello Bertinetti/Archivio White Star
S. 88-89 Marcello Libra/Archivio White Star
S. 89 Marcello Libra/Archivio White Star
S. 90 Jim Hollander/epa/Corbis
S. 90-91 Oliver Weiken/epa/Corbis
S. 92 Abir Sultan/epa/Corbis
S. 93 Jim Hollander/epa/Corbis
S. 94-95 Marcello Libra/Archivio White Star
S. 96-97 S. Vannini/Archivio DeAgostini
S. 97 S. Vannini/Archivio DeAgostini
S. 98-99 Antonio Attini/Archivio White Star
S. 99 Marcello Bertinetti/Archivio White Star
S. 100-101 Marcello Libra/Archivio White Star
S. 101 Marcello Libra/Archivio White Star
S. 102 Marcello Libra/Archivio White Star
S. 103 Marcello Bertinetti/Archivio White Star
S. 104-105 Izzet Keribar/Getty Images
S. 105 Marcello Libra/Archivio White Star
S. 106 Marcello Bertinetti/Archivio White Star
S. 107 Marcello Bertinetti/Archivio White Star
S. 108-109 Marcello Bertinetti/Archivio White Star
S. 110-111 Cesare Gerolimetto/Archivio White Star
S. 111 Marcello Bertinetti/Archivio White Star
S. 112 Marcello Libra/Archivio White Star
S. 113 Marcello Bertinetti/Archivio White Star
S. 114-115 Marcello Libra/Archivio White Star
S. 115 Marcello Bertinetti/Archivio White Star
S. 116 Marcello Bertinetti/Archivio White Star
S. 117 Marcello Bertinetti/Archivio White Star
S. 118 Marcello Libra/Archivio White Star
S. 118-119 Marcello Bertinetti/Archivio White Star
S. 120 Marcello Bertinetti/Archivio White Star
S. 120-121 Marcello Bertinetti/Archivio White Star
S. 122-123 Marcello Bertinetti/Archivio White Star
S. 124-125 Marcello Libra/Archivio White Star
S. 125 Marcello Libra/Archivio White Star
S. 126 Marcello Libra/Archivio White Star
S. 126-127 Marcello Libra/Archivio White Star
S. 128-129 Marcello Libra/Archivio White Star
S. 130 Marcello Libra/Archivio White Star
S. 131 Itamar Grinberg/Archivio White Star
S. 132-133 Marcello Bertinetti/Archivio White Star
S. 133 Marcello Libra/Archivio White Star
S. 134 Marcello Libra/Archivio White Star
S. 134-135 Marcello Libra/Archivio White Star
S. 136-137 Marcello Bertinetti/Archivio White Star
S. 137 Marcello Bertinetti/Archivio White Star
S. 138 Marcello Libra/Archivio White Star
S. 139 Itamar Grinberg/Archivio White Star
S. 140 Marcello Libra/Archivio White Star
S. 140-141 Marcello Bertinetti/Archivio White Star
S. 142 Marcello Libra/Archivio White Star
S. 143 Marcello Bertinetti/Archivio White Star

BILDNACHWEIS

S. 144-145 Itamar Grinberg/Archivio White Star
S. 146-147 Marcello Libra/Archivio White Star
S. 147 A. Vergani/Archivio DeAgostini
S. 148 Marcello Libra/Archivio White Star
S. 148-149 Marcello Libra/Archivio White Star
S. 150-151 Richard Nowitz/Getty Images
S. 152 Marcello Libra/Archivio White Star
S. 153 Marcello Libra/Archivio White Star
S. 155, 160-161, 162-163, 164-165, 166-167, 167, 168-169, 169, 170-171, 171, 172-173, 174, 174-175, 176-177, 178, 178-179, 180-181 Archivio White Star
S. 182 Marcello Bertinetti/Archivio White Star
S. 185 Marcello Bertinetti/Archivio White Star
S. 189 Antonio Attini/Archivio White Star
S. 190-191 Superstock inc/Photolibrary.com
S. 192 Marcello Bertinetti/Archivio White Star
S. 192-193 PhotoStock-Israel
S. 194-195 Antonio Attini/Archivio White Star
S. 195 Antonio Attini/Archivio White Star
S. 196-197 Marcello Bertinetti/Archivio White Star
S. 197 Cesare Gerolimetto/Archivio White Star
S. 198-199 Marcello Bertinetti/Archivio White Star
S. 200-201 Leora Schiff/Getty Images
S. 202 Antonio Attini/Archivio White Star
S. 202-203 Marcello Bertinetti/Archivio White Star
S. 204-205 Cesare Gerolimetto/Archivio White Star
S. 205 Cesare Gerolimetto/Archivio White Star
S. 206-207 Cesare Gerolimetto/Archivio White Star
S. 208 Copyright Protected – www.BenTov.com/Getty Images
S. 208-209 Marcello Bertinetti/Archivio White Star
S. 210 Izzet Keribar/Getty Images
S. 211 Marcello Bertinetti/Archivio White Star
S. 212-213 Kordcom/Photolibrary.com
S. 214-215 Jean Du Boisberranger/Getty Images
S. 216-217 Marcello Bertinetti/Archivio White Star
S. 217 Marcello Bertinetti/Archivio White Star
S. 218-219 Eitan Simanor/Photolibrary.com
S. 220 Marcello Bertinetti/Archivio White Star
S. 221 Marcello Bertinetti/Archivio White Star
S. 222 Michael Melford/Getty Images
S. 223 Michael Melford/Getty Images
S. 224-225 Marcello Bertinetti/Archivio White Star
S. 226 Antonio Attini/Archivio White Star
S. 226-227 Antonio Attini/Archivio White Star
S. 228-229 Marcello Bertinetti/Archivio White Star
S. 230-231 Cesare Gerolimetto/Archivio White Star
S. 231 Cesare Gerolimetto/Archivio White Star
S. 232-233 Danita Delimont/Getty Images
S. 233 Danita Delimont/Getty Images
S. 234-235 Cesare Gerolimetto/Archivio White Star
S. 235 Cesare Gerolimetto/Archivio White Star
S. 236 Marcello Bertinetti/Archivio White Star
S. 236-237 Ira Block/Getty Images
S. 238-239 Michael Runkel/Getty Images
S. 241 Michael Melford/Getty Images
S. 243 Itamar Grinberg/Archivio White Star
S. 248 Antonio Attini/Archivio White Star
S. 248-249 Antonio Attini/Archivio White Star
S. 250-251 Barry Winiker/Photolibrary.com
S. 252 Marcello Bertinetti/Archivio White Star
S. 252-253 Cesare Gerolimetto/Archivio White Star
S. 254-255 Itamar Grinberg/Archivio White Star
S. 256 Duby Tal/Albatross Aerial Photography/Tips Images
S. 257-256 Duby Tal/Albatross Aerial Photography/Tips Images
S. 258-259 Marcello Bertinetti/Archivio White Star
S. 260-261 Duby Tal/Albatross Aerial Photography/Tips Images
S. 262 Cesare Gerolimetto/Archivio White Star
S. 262-263 Cesare Gerolimetto/Archivio White Star
S. 264 Itamar Grinberg/Archivio White Star
S. 265 Itamar Grinberg/Archivio White Star
S. 266 Itamar Grinberg/Archivio White Star
S. 267 Itamar Grinberg/Archivio White Star
S. 268-269 Photononstop/Tips Images
S. 270-271 Duby Tal/Albatross Aerial Photography/Tips Images
S. 271 Duby Tal/Albatross Aerial Photography/Tips Images
S. 272-273 Duby Tal/Albatross Aerial Photography/Tips Images
S. 274-275 Itamar Grinberg/Archivio White Star
S. 276-277 Duby Tal/Albatross Aerial Photography/Tips Images
S. 278-279 Marcello Bertinetti/Archivio White Star
S. 280-281 Marro Stanislav/Getty Images
S. 282-283 Cesare Gerolimetto/Archivio White Star
S. 284-285 Eric Martin/Photolibrary.com
S. 285 Copyright Protected – www.BenTov.com/Getty Images
S. 286 Itamar Grinberg/Archivio White Star
S. 287 Itamar Grinberg/Archivio White Star
S. 288-289 Itamar Grinberg/Archivio White Star
S. 290-291 A.Vergani/Archivio DeAgostini
S. 292-293 Marcello Bertinetti/Archivio White Star
S. 294 Marcello Bertinetti/Archivio White Star
S. 294-295 C. Sappa/Archivio DeAgostini
S. 296 Cesare Gerolimetto/Archivio White

BILDNACHWEIS

Star
S. 297 Ian Cartwright/Getty Images
S. 298 Jeff Rotman/Getty Images
S. 299 Kevin Cullimore/Getty Images
S. 301 Cesare Gerolimetto/Archivio White Star
S. 303 Marcello Bertinetti/Archivio White Star
S. 307 Annie Griffiths Belt/Getty Images
S. 308-309 Marcello Bertinetti/Archivio White Star
S. 310-311 Harvey Lloyd/Getty Images
S. 312 Cesare Gerolimetto/Archivio White Star
S. 312-313 Marcello Bertinetti/Archivio White Star
S. 314-315 Eitan Simanor/Photolybrary.com
S. 316-317 Cesare Gerolimetto/Archivio White Star
S. 318-319 Marcello Bertinetti/Archivio White Star
S. 319 Marcello Bertinetti/Archivio White Star
S. 320-321 Marcello Bertinetti/Archivio White Star
S. 322-323 Marcello Bertinetti/Archivio White Star
S. 324-325 Danita Delimont/Getty Images
S. 326-327 Danita Delimont/Getty Images
S. 328 Danita Delimont/Getty Images
S. 329 Danita Delimont/Getty Images
S. 330-331 Superstock/Photolibrary.com
S. 332-333 Cesare Gerolimetto/Archivio White Star
S. 334-335 Cesare Gerolimetto/Archivio White Star
S. 336-337 Marcello Bertinetti/Archivio White Star
S. 337 Marcello Bertinetti/Archivio White Star
S. 338-339 Massimo Borchi/Archivio White Star
S. 340-341 Marcello Bertinetti/Archivio White Star
S. 342-343 Marcello Bertinetti/Archivio White Star
S. 344 Marcello Bertinetti/Archivio White Star
S. 345 Marcello Bertinetti/Archivio White Star
S. 346-347 Giulio Veggi/Archivio White Star
S. 348-349 Radius Images/Getty Images
S. 349 Radius Images/Getty Images
S. 350-351 Marcello Libra/Archivio White Star
S. 352-353 Marcello Libra/Archivio White Star
S. 354-355 Giulio Veggi/Archivio White Star
S. 356 Giulio Veggi/Archivio White Star
S. 357 Giulio Veggi/Archivio White Star
S. 358 Giulio Veggi/Archivio White Star
S. 359 Giulio Veggi/Archivio White Star
S. 360-361 Giulio Veggi/Archivio White Star
S. 361 Giulio Veggi/Archivio White Star
S. 362 Giulio Veggi/Archivio White Star
S. 363 Giulio Veggi/Archivio White Star
S. 364-365 Giulio Veggi/Archivio White Star
S. 367 Albatross Aerial Photography/Tips Images
S. 369 Albatross Aerial Photography/Tips Images
S. 374-375 Itamar Grinberg/Archivio White Star
S. 376 Albatross Aerial Photography/Tips Images
S. 377 Andrea Pistolesi/Tips Images
S. 378 Danita Delimont/Getty Images
S. 378-379 Antonio Attini/Archivio White Star
S. 380 Antonio Attini/Archivio White Star
S. 381 Antonio Attini/Archivio White Star
S. 382-383 Jordan Polevoy Photography/Getty Images
S. 384-385 Albatross Aerial Photography/Tips Images
S. 386 Photononstop/Tips Images
S. 387 Duby Tal/Albatross Aerial Photography/Tips Images
S. 388-389 Marcello Bertinetti/Archivio White Star
S. 390 G.Dagli Orti/Archivio DeAgostini
S. 391 Alistair Duncan/Getty Images
S. 392 I. Hanan/Archivio DeAgostini
S. 393 Christopher Chan/Getty Images
S. 394 Marcello Bertinetti/Archivio White Star
S. 395 Eye Ubiquitos/Photolibrary.com
S. 396-397 Photolibrary.com
S. 398-399 Kordcom/Photolibrary.com
S. 399 I. Hanan/Archivio DeAgostini
S. 400-401 Alan and Sandy Carey/Getty Images
S. 402 Igal Schneider/Getty Images
S. 402-403 Richard Nowitz/Getty Images
S. 404-405 Albatross Aerial Photography/Tips Images
S. 406-407 Albatross Aerial Photography/Tips Images
S. 408-409 Johnny Stockshooter/Photolibrary.com
S. 410 Albatross Aerial Photography/Tips Images
S. 411 Albatross Aerial Photography/Tips Images
S. 412 Albatross Aerial Photography/Tips Images
S. 413 Albatross Aerial Photography/Tips Images
S. 414 Itay Bar-Lev/Getty Images
S. 415 Elan Fleisher/Photolibrary.com
S. 416 Laurence Simon/Tips Images
S. 417 Duby Tal/Albatross Aerial Photography/Tips Images
S. 418 Laurence Simon/Tips Images
S. 419 Marcello Bertinetti/Archivio White Star
S. 420 Laurence Simon/Tips Images
S. 421 Marcello Bertinetti/Archivio White Star
S. 422-423 Marcello Bertinetti/Archivio White Star
S. 424-425 Itamar Grinberg/Archivio White Star
S. 426-427 Marcello Bertinetti/Archivio White Star
S. 428 Marcello Bertinetti/Archivio White Star
S. 428-429 Marcello Bertinetti/Archivio White Star
S. 430-431 Laurence Simon/Photolibrary.com
S. 432 Antonio Attini/Archivio White Star

S. 432-433 Michael Melford/Getty Images
S. 434-435 Martin Gray/Getty Images
S. 435 Michael Melford/Getty Images
S. 436 Itamar Grinberg/Archivio White Star
S. 437 Itamar Grinberg/Archivio White Star
S. 438-439 Itamar Grinberg/Archivio White Star
S. 441 Itamar Grinberg/Archivio White Star
S. 443 Itamar Grinberg/Archivio White Star
S. 447 Marcello Bertinetti/Archivio White Star
S. 448-449 Itamar Grinberg/Archivio White Star
S. 450-451 Itamar Grinberg/Archivio White Star
S. 452-453 Itamar Grinberg/Archivio White Star
S. 454 Albatross Aerial Photography/Tips Images
S. 455 Albatross Aerial Photography/Tips Images
S. 456-457 Marcello Bertinetti/Archivio White Star
S. 458-459 An Israeli artist who enjoys capturing life through the lens/Getty Images
S. 460-461 Copyright Protected - www.BenTov.com/Getty Images
S. 462-463 Itamar Grinberg/Archivio White Star
S. 464-465 Marcello Bertinetti/Archivio White Star
S. 466 Albatross Aerial Photography/Tips Images
S. 467 Albatross Aerial Photography/Tips Images
S. 468-469 Albatross Aerial Photography/Tips Images
S. 470-471 Richard T. Nowitz/Getty Images
S. 472 Cesare Gerolimetto/Archivio White Star
S. 473 Aurora Open/Aaron Black/Getty Images
S. 474 Marcello Bertinetti/Archivio White Star
S. 475 Marcello Bertinetti/Archivio White Star
S. 476-477 Marcello Bertinetti/Archivio White Star
S. 478-479 Marcello Bertinetti/Archivio White Star
S. 480-481 Itamar Grinberg/Archivio White Star
S. 482-483 Itamar Grinberg/Archivio White Star
S. 484-485 Duby Tal/Albatross Aerial Photography/Tips Images
S. 486-487 Duby Tal/Albatross Aerial Photography/Tips Images
S. 488 Marcello Bertinetti/Archivio White Star
S. 489 Marcello Bertinetti/Archivio White Star
S. 490-491 Marcello Bertinetti/Archivio White Star
S. 492-493 Marcello Bertinetti/Archivio White Star
S. 494-495 Jochen Schlenker/Getty Images
S. 504 Archivio White Star

Titelseite, von links:
Erste Reihe: Marcello Bertinetti/Archivio White Star, Marcello Libra/Archivio White Star, Antonio Attini/Archivio White Star
Zweite Reihe: Itamar Grinberg/Archivio White Star, Itamar Grinberg/Archivio White Star, Itamar Grinberg/Archivio White Star
Zweite Reihe: Antonio Attini/Archivio White Star, Marcello Bertinetti/Archivio White Star, Marcello Bertinetti/Archivio White Star
Umschlagrückseite, von links:
Erste Reihe: Cesare Gerolimetto/Archivio White Star, Itamar Grinberg/Archivio White Star, Antonio Attini/Archivio White Star
Zweite Reihe: Archivio White Star, Marcello Bertinetti/Archivio White Star, Antonio Attini/Archivio White Star
Zweite Reihe: Marcello Bertinetti/Archivio White Star, Marcello Bertinetti/ Archivio White Star, Antonio Attini/Archivio White Star

Carlo Giorgi ist Journalist und Redakteur der italienischen Zeitschrift „Terrasanta“, die sich dem Schutz des Heiligen Landes widmet. Um über die Lebensbedingungen der Christen berichten zu können, unternahm er mehrere Reisen in den Nahen Osten. Außerdem ist er Autor eines Buches über den jüngsten Besuch des Papstes Benedikt XVI. in Israel, den Palästinensischen Gebieten und Jordanien (*Messaggero di Riconciliazione*, Ets 2009). Als Experte für Einwanderung und soziale Themen war er Direktor von „Terre di mezzo“ und arbeitete für eine Vielzahl von Tageszeitungen und Zeitschriften, unter anderem „Il Sole 24 Ore“. Für „Terre di mezzo“ gab er den Führer für bewusstes Reisen *Vado in Senegal!* heraus.

Titelseite ● Von Links:

Erste Reihe - Die Grabeskirche, Jerusalem; Klagemauer und Felsendom, Jerusalem; Aboab Synagoge bei Safed.

Zweite Reihe - See Tiberias; Festung von Masada; Ansicht von Jerusalem.

Dritte Reihe - Bet Sche'an; Die Kreuzstadt Cäsarea (*Caesarea Maritima*); Herodion-Hügel.

● Das Bild von David Roberts stellt den „Brunnen des Hiob" zwischen dem Geenna- und dem Zedron-Tal dar.

Umschlagrückseite ● Von Links:

Erste Reihe - Aquädukte in Cäsarea; Ansicht von Akkon; Mar-Saba-Kloster.

Zweite Reihe - Damaskustor, Jerusalem (David Roberts); Ruinen des Herodion; Mosaik in Sepphoris, Galiläa.

Dritte Reihe - Berg Tabor; Totes Meer; Die Grabeskirche, Jerusalem.